【新版】

編集とはどのような仕事なのか

企画発想から人間交際まで

鷲尾賢也

トランスビュー

【新版】編集とはどのような仕事なのか―企画発想から人間交際まで―＊目次

12 著者に育てられる

装幀 高麗隆彦

【新版】

編集とはどのような仕事なのか

―企画発想から人間交際まで―

本書は二〇〇四年刊行の旧版の数字データや、現状とは異なる古くなった部分を改め、著者略年譜を付して新版として刊行するものである。改訂の方針については著者の意向を伺っていたが、その作業にかかる直前に著者が亡くなったため、著作権者の了解を得て編集部が改訂を施した。

1　編集者とは何か

1　テレビドラマでは

編集とは何か。このように大上段に問われると、どうしてもいいよどんでしまう。日ごろの仕事を振り返れば、忸怩《じくじ》たる思いが先に立ってしまう。たいしたことはしていない。優れた著者がいれば、編集者などいなくてもそれほど支障はないからだ。

しかし、仕事としての編集現場の内部に立ち入ってみると、なかなか複雑なものがある。いわくいいがたさがあり、それは体験してみないとわからない、とついいわざるを得ないところがある。

出版社を舞台にしたテレビドラマをときおり見かける。よく怒鳴る編集長が登場し、デスクなどにだらしなく足を放り出している。また美人の敏腕編集者がかならず出てくる。はっきりパターン化しないと、見ている人には分からないので仕方がないことだが、正直いって違和感は否めない。

かならず酒を酌み交わす場面が出てくる。まあ大きくはまちがっていないが、編集部そろって、毎日のように飲んでいては仕事にならない。当たり前のことだ。もっと地味な日々の作業がある。それは、テレビではどうしても表現できないことだ。

近年、不況にもかかわらず出版社の人気が異常に高い。まさかテレビドラマのせいではないだろうが、就職シーズンになると大手出版社の受付に長蛇の列ができる。ヘタをすると一〇〇倍近い倍率になるらしい。面接する方も一苦労である。優秀な学生を採れていいですね、といわれる。

しかし入社試験に合格した人間が、編集者として優れているという保証はどこにもない。かっこいい。給料が高そうだ。一見派手だ。有名人に会える。こういう要因が出版社人気につながっているのだろうが、じつに表面的である。そういう感覚の人間が出版社に入ってくると、出版はゆがんでしまう。

じつは私は一般企業からの転身組である。大学卒業後、キヤノンに二年弱つとめ、そののち途中入社で出版社に入った。小さいときから知っている近所のガラス屋のおじさんから、「せっかくいい会社に入ったのに、とうとう鷲尾さんの坊やも水商売になった」といわれた。これは三十数年前の常識なのである。しかし、その言葉は、いまでもそれほどまちがってはいないと思う。

出版は不安定な業種である。少数の大手出版社を除けば、経営基盤が安定しているとは逆立ちしてもいえないからだ。近年は大手出版社も苦しくなっている。また労働環境も千差万別。たしかに給与水準の高いところは存在する。しかし一方で、出版社の大部分を占める中小はお世辞にも高給とはいえない。劣悪なところすら珍しくない。それが同じように出版社と呼ばれている。ソニーと小さな町工場が、同じ製品を市場に売り出すことはないだろう。テレビを町工場で作り、売り出すことはむずかしい。ところが出版はまったくちがう。書籍という形式はみな同じである。机ひとつ電話一本の出版社も、一〇〇〇人の出版社も、同じかたちのものをつくれる。そして現に同じ市場で競争している。しかも大手が勝つとは限らない。電機とか自動車といった産業とはちがう側面を持っている。

また編集者とひとくちにいうが、それも一様ではない。定義が、だからとてもむずかしいのである。

たとえば辞書の編集者と女性週刊誌の編集者。おなじ編集者である。しかし仕事の中身はかなりちがう。片方は長い時間をかけて（一〇年単位も珍しくない）のデスクワークである。地味を絵に描いたような業務だ。週刊誌はそれこそ日々追われている。一週間たてば次の取材、というわけだ。ある意味でむなしいところもある。

コミック編集と学術書の仕事でも、それこそ天と地ほどの差があるだろう。何百万部という発行部数が、一方は日常的だ。しかし学術書など、よくて一〇〇〇〜二〇〇〇部、もっと小部数の場合も十分あり得る。後者は、とてもテレビドラマの舞台にはならない。

文芸編集とファッション誌編集の違いでも、同じことがいえよう。作家に密着していかに書かせるかということが文芸編集者の主な仕事であるのに対し、モデルや、スタイリスト、カメラマンなどとの撮影に多くの時間を割くファッション誌編集部。両者は同じ出版社のなかでもあまり接触がない。

つまり出版は、規模も、対象とする領域（医学や科学・技術だけを対象にする専門出版社もあれば、コミックだけの出版社もある）も、じつに多様なのである。それらをひっくるめて出版というから分かりにくくなるのだ。それが雑誌、書籍という形式（誰がつくろうとも同じかたちになる）のなかで競争しているのである。

以上は、編集者を一言で定義づけられない理由の背景である。

2 「一個の人格」として

編集とは何か。そのストレートな問いに答えてくれる書物は意外にすくない。よくいわれるのは、黒子、あるいは触媒。イメージとしてはなんとなく分かるが、どうも十分ではない。仕事がら、編集論とか編集者の回顧録などを読むことは多い。今回それらを渉猟してみても、あまりはっきりした姿は見えてこなかった。そのなかで気がついた点を一、二あげてみよう。

編集者というのは、それぞれの個性とか人格とか、人生観だとか世界観だとか、また知識とか教養とか技術とか、さらに日々の生活の仕方なども含めて、いわばその人の持っているものすべてを総動員して、専門家である著者や、本を直接作る人びとと関係していく仕事であろう。奇妙ないい方になるが、どれひとつということではなく、すべてが総合された一個の〝人格〟が、編集者には必要だということである。考えてみれば、編集者なるものも、数多く世の中に存在する職業のなかのひとつであって、これのみが〝志〟を問われたり、とりたてて何かをいわれることもない気もするが、編集者のありようがさまざま問われるのは、著者という一個の精神と対面し、かかわり、それを〝本〟という形で読者に手渡すという、いわば知的で人間的な構想力を編集者が要求されるからである（松本昌次『ある編集者の作業日誌』日本エディタースクール出版部）。

何よりも心得ておかねばならないのは、編集者が作品に何かをつけ加えることはないという点です。編集者にできるのは、せいぜい作家の手足となって奉仕することだけです。自分自身が重要な役割を果たしていると思うのは禁物です。編集者は何ひとつ創造するわけではなく、そこにエネルギーを投入するぐらいのことしかできないのです（A・スコット・バーグ『名編集者パーキンズ』草思社）。

松本昌次さんは未來社で、埴谷雄高、花田清輝、丸山真男、藤田省三、平野謙、橋川文三、杉浦明平、野間宏といった著者を担当した名編集者である。またパーキンズは、ヘミングウェイ、スコット・フィッツジェラルドなどを発掘した文芸編集者である。彼らのいう編集者、編集に対する認識はたしかにそのとおりなのであるが、現代日本の出版において、定義がそれで十分かといえば、そうとはいえない。

いい悪いは別にして、ここ一〇年間のコンピュータを中心にした技術変化、印刷から来る技術革新とコスト管理、取次・書店などの流通の変貌、こういった外部的要因は、編集という仕事を大きく変化させている。さらにいえば、肝心かなめの読者がいままでのようではなくなっている。「読書」自体が試練にさらされているといってよい。よいものを作ればかならず読者に届くはずだ、という信念はいまもたしかに生きているだろうが、正直いって現実はそれほど甘くない。志や情熱、思いだけでは通じない事態が進行しているのである。

編集とは何かと問われたとき、つい口ごもり、ひとくちで言い表すことができないのは、そういった環境の変化にともなう仕事の範囲が、以前にくらべて広がっていることも大きい。取材、企画案作成、原稿依頼、原稿催促、入稿実務、ゲラ（校正刷り）のやりとり、刊行後の販売のための宣伝、売り込み、著者とのつきあい。おそらくこの流れは、以前と本質的には変わらないだろう。しかしそのひとつひとつが、かつてのように牧歌的ではなく、時間やコストを重視した、ある一定の管理の下に進行せざるをえなくなっているのである。

たとえば、企画が編集会議で通ったとする。するとふつうは正式な企画案を作り上げなければならない。著者、タイトル、狙い、読者対象、想定部数などとともに、編集側で考えたプロットなどを付記した文書を会社に提出する。そこで基本的に企画が成立し、著者に依頼してよいということになる。その企画案作成のとき、にわか仕込みかもしれないが、自分の教養が試されるのである。

次に著者に依頼する。そこでは相手を説得しなくてはならない。どうしても書いてもらわなければ困る。読者がその本をいかに待望しているかとか、多くの読者を獲得できるかとか、あるいは意義・価値があるかといった説得材料をもとに、相手に「うん」といわせるのである。ここでは押しの強い商人的なもの言いや、なんとなく「そうかなあ」と思わせる宗教家的弁舌も必要になるだろう。

原稿を書く仕事はつらいものである。書くことが楽しくてしかたがないという人は少ない。だからどうしても原稿は遅れがちになる。そこで催促が必要になる。うまく催促し、原稿を完成させるのも編集者の手腕である。きつく督促すれば、著者の気分が損なわれる。しかし締め切りはある。やさしいことばかりいっていては仕事にならない。そこをどう進めるのか。これも編集者の重要な機能である。強引なサラ金的催促だけではむずかしい。

ようやく脱稿したとしよう。つぎはその原稿を書籍という形につくりあげる仕事が待っている。どのような版面にするか、図版・写真の入れ方、目次の作り方、小見出し、そして装丁、それらすべてにおいて、編集者のセンス・識見が問われることになる。このときがたぶんいちばん楽しいはずだ。しかし多くの場合、それほどのゆとりはない。猛烈な進行スケジュールのもとにこなしていくことになる。そして著者とのゲラのやりとり。数々の、まことに即物的な事務作業が待っている。職人的なさばきが必要になる。

なんとか完成した。つぎはそれを、より多くの読者に読んでもらいたい。PR活動、書評依頼、書店へのお願い。ここでは広告会社に似た仕事が、編集者を待っている。

幸せな結果ばかりではない。思ったより売れないことも多い。しかし、著者との関係はつづく。第二弾を書いてもらうのか、それともしばらく時間をおくのか。つまり人間づきあいの問題になるのである。

いま、一冊の本ができるまでを簡単にスケッチしてみたが、編集者がそのつどそのつど、相貌をかえていることが理解いただけるだろう。しかし、多様な側面に何かが共通して流れている。「一個の人格」が必要という松本昌次さんの思いは、このことを意味しているのではないだろうか。一個の人格のもとに、その場面、その局面でプロであることが要求される。そこにはじめて、編集者という具体的な仕事が立ち上がってくるのである。

3　無から有を

編集者の機能という面から、もう一度おさらいしてみよう。いうまでもなく、まず編集者はプランナーでなければならない。無から有を作り出す発案者である。プランがなければなにもおこらない。それはいうまでもないことだ。アイディアしだいでベストセラーもロングセラーも、あるいは名著も可能なのである。その誕生に立ち会える特権を編集者はもっている。この業界では柳の下にドジョウは三匹いるといわれる。あとで詳しく述べるが、誤解を恐れずにいえば、編集者は真似も恐れてはならない。もちろんパクリ（剽窃）はいけない。しかし、アイディアというものは、真似をしながら変形させることによって新しくなるものではないか。

加藤秀俊『整理学』（中公新書）から三十年後、野口悠紀雄『「超」整理法』が、同じ中公新書で刊行される。このような大ヒットは、編集の醍醐味といわずして何というべきか。あるいは、筑摩書房を蘇生させたという臼井《うすい》吉見《よしみ》企画の「現代日本文学全集」は、戦前、円本ブームをまきおこした改造社版「現代日本文学全集」の継承でもあっただろう。つまり私たちの発想の源は過去の歴史にあるのである。まったく新しいことはおそらく二、三パーセントもないだろう。テーマが同じでも執筆者が異なれば、まったく別な企画になる。編集者はそのような人材を、どこからか発掘してこなければならない。そのようなカン、ひらめきはプランナーの条件でもあるだろう。

優れたアイディアマンでありながら、なかなかいい本ができない編集者がいる。入学試験での偏差値も高く、学識もゆたかである。しかし編集者としては多くを生産できないタイプもいる。大事なことは、原稿を書くのは著者であるということだ。編集者はパーキンズがいうとおり、サポート役でしかない。そこを、学力優秀、学識豊富な人間はまちがえてしまう。つまりは、著者が気分よく仕事ができないという結果になる。これが、編集者がある面では「人たらし」でなければならない理由なのである。依頼を気持ちよく引き受けてもらい、スムーズに脱稿までこぎつける。これは偏差値の問題ではない。

編集者は一方で、雑用の管理者という側面を持っている。すべてのことが同時進行になることが多い。企画を考えながら、ゲラを印刷所に返す。装丁家に依頼もしなければならない。営業との打ち合わせも入る。こんなことは日常茶飯事である。どのようにしてリズミカルにいろいろな局面に対応できるか。これも編集者の大事な能力だろう。聖徳太子とまではいわないが、口、手足、頭をマルチに使えるのが、一流のエディターなのではないか。フットワークのよさは特に大事である。

先に「人たらし」といった。やや品がない表現かもしれない。しかし、編集者にはコーディネーターという役割が不可欠である。人と人を繋《つな》げていく。結び付けてゆく。そこに新しい可能性を見出していくのである。だから人たらしでないといけない。この編集者がいうのだから、ちょっと会ってみよう。そこからいろいろな関係が生まれることも多い。会話からアイディアが発展することもある。たとえば、理科系の専門家と作家とを会わせる。テレビ業界の人間に書店を紹介する。そのことによって、もちろん仕事が即成立するわけではない。ただ、なにかしらの刺激を双方は受けるだろう。その結果、プランがそこから生まれるかもしれない。原稿を書ける人が出てくるかもしれない。ネットワークが幾重にもなれば、取材先も豊かになるだろう。

私たちの仕事の源は人間なのである。それ以外に資源も素材も、なにもない。つまり優れた人間を見つけるか、育てるかしか方法はないのである。しかし、一人の能力には限りがある。むかしから三人寄れば文殊の知恵という。つまりコーディネーターとは、その古くて新しいことわざの現代版なのである。

育てるというのは、ややおこがましいかもしれない。しかし、編集者の機能のなかに教育者的、保健室の先生的役割は確かにある。暴言をかえりみずにいえば、もしかすると幼稚園の先生かもしれない。何度もいうが書くことはつらい作業である。ライバルも多い。自分は才能がないのではないか、本当のところこのままいけるのだろうか。著者はみな不安になる。こんな内容でいいのだろうか、と。そのとき編集者が存在するのである。激励も必要だろう。逆に叱咤することもある。金の相談もある。人生の決断の参考意見を求められることもある。そういったことを面倒がるタイプは編集者には向かない。

また親切だけでは困る。その著者にいいものを書かせれば仕事になるという、商売の感覚も否定はできないからだ。しかし、それだけでもない。つきあっているうちに、その著者の才能を十二分に発揮してもらいたいという意識が生まれる。これは著者に入れあげる感覚なのだろう。母親の愛といったものに近いのかもしれない。このように考えてみると、編集者という仕事はなんともおかしなものだ。世間から理解しにくいといわれるのも当然かもしれない。

そして最後に、仕事をおもしろがりながら、どこか世の中のためになりたいといった志が、根底にあってほしい。こういうことをまともにいうのは照れくさいし、恥ずかしい。「まあ仕事ですから」とか、「給料をもらっているのだから」とか、「べつにそれほどのことでは」と軽く流すタイプも多いだろう。逆に、みずからの仕事をとくとくと語り、志の在りかを表明する編集者もいないことはない。しかし、私はあまり好きではない。優れた編集者は、できあがった刊行物で語るべきだと思うからである。

4　適性はあるか

編集者に適性はあるのだろうか。さまざまな著者に対して、一個の人格として対峙するのだから、こうでなければならないという理想形があるはずはない。ただ、近年の出版社人気を見ると、編集者に向かないタイプが入社試験を受けているように思うことさえある。成績が優秀とか、いろいろなことを知っているからという出版社志望は、とても困る話だ。たいした時間もかけられない筆記試験や面接だけでは、人間性など判別できるはずがない。受かったとしても、会社側も本人も困る結果になる。本が好きといっても、読むのが好きなだけでは困る。作らなければ、「オマンマの食い上げ」になってしまうからだ。

まず旺盛な好奇心の持ち主でないといけない。あらゆることをおもしろがれる精神とでもいったらいいだろうか。村上春樹も、小池栄子も、日野原重明も、蓮池透も、タリバンにも、同時に関心がもてる幅の広さ、といいかえてもいいだろう。あるいは『〈民主〉と〈愛国〉』にも『〈帝国〉』にも、『ブラックジャックによろしく』にも、『バカの壁』にも目を通そうという意識である。

もちろんすべてを読みこなし、詳しく知っていなければならないということとはちがう。一八〇度、いや三六〇度、自分の視野を開放するという姿勢のことをいっているのである。編集者に専門などない。素人の代表である。以下は老舗《しにせ》の出版社の方から聞いた話である。「××先生のところにうかがい、原稿をもらってきてくれ」と新人にいったら、すぐに「それは私の専門ではありませんから」という返事がかえってきて、二の句がつげなかったという。

次に、フットワークが求められる。行動力といってもいいかもしれない。しかも軽く、気軽に実行できる即応力である。編集者になったのはいいが、他人が聞いていると電話がかけられないという人がいた。何かあると公衆電話に走るのである。最近は携帯電話があるので走らなくてもいいのだろうが、自分の話す中身に自信がないのであろうか。他人の反応を気にしすぎる。これも偏差値世代の特徴なのだろうか。

編集という仕事は、お願いをしたり、また謝ったりすることが多い。新人のころ先輩から、お前は頭《ず》が高い、もっともっと頭をさげろとよく叱られた（まだ高いと友人にからかわれそうだが）。つまり、何事にも平気で謝れないタイプには、この仕事はつらいだろう。こちらがまちがっていなくても、謝罪することだっていくらでもある。スムーズに進行するためには、ひとつやふたつ謝るのは編集者にとって何でもないことだ。自尊心が強く、プライドの高い人には向かないゆえんである。編集者を続けていると、一方で、人間の多様な面をみようとするので、たしかにどこかで人が悪くなる。

「人は悪い」のかもしれないが、同時に、編集者ほど、人間が好きでないとやっていけない職業もないだろう。専門があるわけでもない。特別の技術を持っているわけでもない。著者をはじめ、装丁家、印刷所、製本所、取次、書店、あらゆる仕事を外部に依存している存在である。つまりいってしまえば、「ひとの褌《ふんどし》で相撲をとっている」のである。さまざまな人間がいる。おかしな人、変わった人、すぐ怒る性格、いじける気質、くどいものいい、百人百様である。その人たちとネットワークを組み、自分は無力であっても、その中心にいるのが編集者である。ならば人間をおもしろいと思わなければ、やっていけないことは自明だろう。好きにならなければ、当然相手からも好かれない。好感をもたれるタイプであること、まあこれは編集者に限ったことではないかもしれない。しかし編集者には特に大事な条件である。

夢を描き続けられることも必要な資質である。こんな本を作ってみたい、こんな著者にいつかは書いてもらいたい、こんな絵を使ってみたい。それぞれいろいろな夢を描くものだ。ただ現実には、すぐさま実現するはずはない。当然である。しばらくすると、そのような夢とか理想というものを、きれいさっぱり捨ててしまう人がいる。それが大人の編集者だと錯覚するのである。「持続する志」ということばがかつて流行った。たしか大江健三郎のエッセイ集のタイトルにもなった。少年の夢に似た憧れを抱きつづけられる持続力は、編集者に必要な資質だと思える。実力がついたら、環境が整ったら、いつかはやってみたいというふうに、ひそかにあたためているプランを三つや四つ、みな持っていたいものだ。そういう人はすぐに分かる。仕事ぶりが輝いているからだ。

いわずもがなかもしれないが、社会、時代、文化の動きや変容に関心がないと困る。『1Q84』を読んだら、『風の歌を聴け』にまで遡る意欲がほしい。アメリカのネオコン（新保守主義）の台頭に危惧をもつのは当たり前だ。書籍・雑誌は時代の函数といえよう。なぜ「サライ」が読まれているかに注意が届くかが、どこかで問われるのである。先に述べた好奇心の問題と重なるが、アンテナが四方に感応することが肝要なのだ。アンテナを張っていても逃すことがある。そのときは知らないと正直にいえること。そしてすぐに（一夜漬けでも）勉強してしまう率直さ。これが編集者である。

つまらないことだが、酒は飲めないより飲めたほうがいいだろう。多趣味もわるくない。相手とはなしを合わせられるからである。ただし、あくまでも仕事の側面においてだけである。多趣味のために身を滅ぼしてしまう編集者をよく見かける。「芸は身を助ける」どころか、反対なことになるのは避けたいものだ。

編集者は寡黙より少々多弁の方がいいと思っている。自己弁護かもしれない。静かで、あまりしゃべらない優れた編集者もたくさんいる。だから人さまざまなのであるが、でも私は、少しぐらいおしゃべりの方がやはりいいのではないかと、いまでも強気だ。もちろん著者をさえぎってしゃべるなどということは、あってはならない。私だってそんなことはしていない。だが、しゃべることは場面を明るくする。明るいほうが仕事はスムーズに動く。いささか微に入り細を穿つような記述になった。しかし、編集者は一個の人格とともに、また適性も必要であるという観点を示してみた。

2　ささやかな自分史

1　週刊誌での体験

先に述べたように、私は「ふつう」の会社から出版社に途中入社したので、その環境変化へのとまどいは激しかった。配属部署が男性週刊誌だったからなおさらである。

人事課の人にそこへ連れていかれた日は、たまたま校了日だった。指導してくれることになっている先輩社員のとなりに座らされた。しばらく座って見ていろといわれた。夕刻になり、「どこかでメシを食ってこい」といわれた。一緒に配属になった同期の友人と近くで食事をして、席にもどる。夜の八時になっても、一〇時になっても、先輩社員は電話をかけたりライターに指示したり、忙しく働いていて、なにもいってくれない。

一二時前後になって、算盤《そろばん》はできるかといわれた。商工会議所検定三級ですというと、では玉を入れてくれと、古ぼけた算盤を差し出された。できあがった原稿の行数を足し算する仕事だった。すぐ終わる。先輩は誌面の割付に入る。また何もいってくれない。

午前一時過ぎに、やることがないので帰っていいかと恐る恐る尋ねた。「ばかやろ！　そこに座っていろ」といわれた。結局、配属初日から徹夜になってしまった。ひどいところへきてしまったと思ったが、あとで考えると、ともかく現場の空気をはやく身につけさせようという教育的配慮だったのであろう。何の説明もない乱暴なスタイルだが、ある意味では筋が通っている。つまり全体が見渡せたからである。

当時の週刊誌編集者には荒武者のような人が多かった。そこに三年半ほどいた。また学生運動の激しい時期だった。東大闘争、日大闘争、そしてあっという間に日航機ハイジャック事件が起きた。たしか万博も同じころ開幕した。成田空港建設反対闘争もエスカレートしていた。まさに政治の季節であった。

取材記者、いわゆるフリーランサーも多士済々。代々木系、反代々木系、アナーキストなどの入り混じった世界が一方にあり、片方にお色気の記事が同居していた。風俗専門記者といった、その道の権威も編集部にいつもいた。今もつきあっている友だちも多い。『突破者』（南風社）で一躍名をはせた宮崎学も、その一人である。後年になって、彼があのようなすごい経歴の持ち主であったことをはじめて知った。

三島由紀夫が市ヶ谷の自衛隊東部方面総監部にたてこもり、割腹自殺したときは、ちょうど車でその付近を走っていた。一九七〇年の晩秋であった。大久保清事件、円切り上げなど、大きな事件ばかりで、いまから振り返るとすさまじい時代だったことを実感する。毎日がとても忙しかった。クレームもつけられた。脅されもした。連合赤軍の浅間山荘事件も週刊誌時代のことである。学生時代の友人から、どうも自分のところまで警察がきそうだ、そうしたら会社をやめなくてはならないかもしれない。そのときは取材記者としてもぐりこませてくれ、などと相談されたのもこの頃であった。荒っぽい世界であったが、一方で大変な教養人ぞろいであった。青臭く他人に語らないのが、その世界のお洒落《しゃれ》なスタイルだった。

そして、「現代新書」の編集部に異動になった。はじめから書籍希望であったので、回り道したように当初は思った。しかし、週刊誌体験はいろいろなところでじつに役立った。はかり知れないほどである。いちばん大きいのは、人見知りしなくなったことだ。誰にでも平気で電話がかけられるようになった。かなり度胸がついた。失敗しても時間が解決してくれるはずだ、という居直りもできるようになった。まあ図々しくなったということなのだろう。

2　激戦、新書編集部

初めて現代新書の編集会議に出席したときのことはよく覚えている。それぞれが、自分の案を小さい索引カードのような紙に書いて、提出するのである。内容はタイトルと著者（肩書き付き）のみ。それを編集長が読み上げる。それから意見の応酬があり、最後に編集長が是非を決める。

ところが、まず、編集長が読み上げる著者の名前が書き取れない。書き取れたとしても、その人についてなにも知らない。同席している仲間の部員がいいとか悪いとかいっても、反対も賛成もできないありさまであった。先輩のAさんがそのとき、私のプランを「まあ、いいんじゃない」といってくれた、この「まあ」が曲者《くせもの》である。決してほめているわけではない。独特の「まあ」の口調に、週刊誌とはちがうオトナの迫力を感じたものである。

当時現代新書は、岩波新書、中公新書に大きく遅れをとっていた。あまりにも売れないので、やめようという社内の意見も多かったそうである。デザイナーの杉浦康平さんに依頼し、装丁をモデルチェンジして、起死回生の生き残り作戦の最中だった。大衆向け出版の講談社というだけで、多くの先生方は真剣に相手にしてくれなかった。週刊誌を発行している会社とはつきあいたくないという顔を、露骨に見せる先生もいた。アカデミズムとはこういうものかと、悔しかったことをよく覚えている。人文研（京都大学人文科学研究所）など、いわゆる京都学派の方々に積極的に執筆をお願いしたのは、そこには権威主義の匂いが少なかったからであろう。

装丁を切り替える（たぶん二〇〇冊以上変えただろう）。そのために編集部全員、毎日毎日、夜になるとネーム（新書のなかで現代新書だけに入っているカバーの惹句）書きに精を出す。当該の本を読み、いわゆる帯のような文章を一日に何本も書くのである。それを机に置いておくと、出社の早い編集長の赤字が入り、戻される。写植化し、資料とともに杉浦事務所に持参する、というシステムであった。ずいぶんそれは勉強になった。先輩のネームに感心することも多かった。

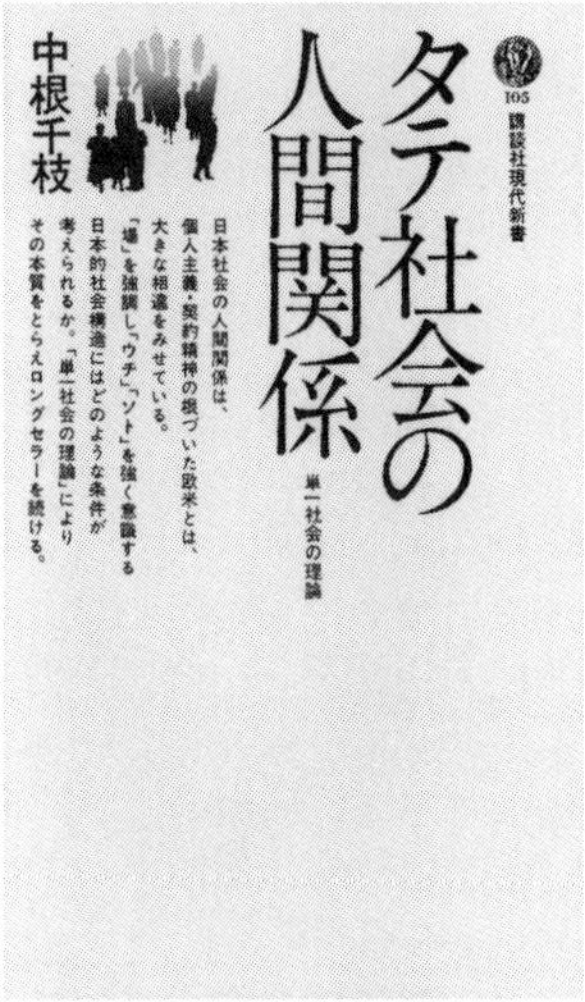

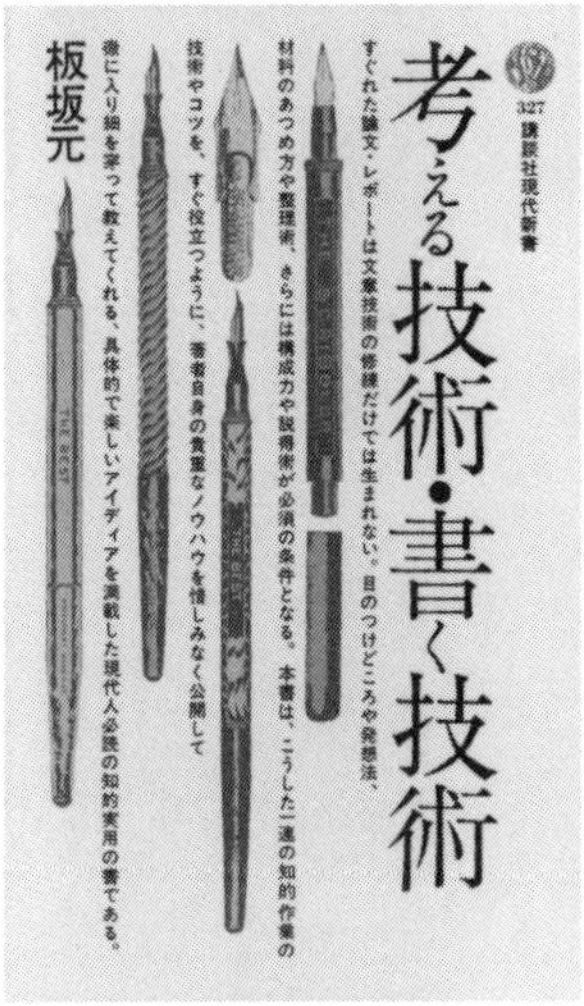

講談社現代新書は、杉浦康平さんに依頼し、装丁をモデルチェンジして、起死回生の生き残り作戦の最中だった（右の2点は今も重版を続ける大ロングセラー）。

また編集長の赤字になるほどと思わせられた。センスは先天的なものかもしれないが、磨くことは可能である。そういう気持ちが生まれたのはそのころであろう。気持ちにゆとりが生まれるにつれ、単行本、ハンドブックといった事典的なものにも手を伸ばしはじめた。

詫摩武俊『好きと嫌いの心理学』、倉谷直臣『英会話上達法』、坂本賢三『「分ける」こと「わかる」こと』、中野美代子『中国人の思考様式』など、多彩といえば多彩だが、はっきりいってテーマも著者もバラバラ。関心のおもむくままの仕事ぶりであった。おもしろかったこともある。岩波新書、中公新書というターゲットがはっきりしていることもやりやすかった。

やがて編集長が雑誌編集長に異動になり、その結果、私が編集長になってしまった。三十代半ばである。編集長になると、当然人事異動のような管理的な仕事がついてくる。できのいい人材を、どこからかとってくるのも腕のひとつであるが、そのあたりは自信がない。結局人事課に押し切られることがしばしばであった。

本をつくることだけを考えていられなくなるのはさびしい。以後、管理職という肩書きをもつ編集者生活がつづくことになる。会社には方針がある。コスト管理もある。編集長は身をもって、それを受け止めなければならない。講談社はわりと放任主義で、うるさいことはいわない社風であった。そこはありがたかった。しかし、きしみがなかったわけではない。

『日本文化総合年表』によると、三浦雅士さんが「現代思想」を季刊誌として刊行したのは、一九七三年とある。しかし私たちが、なにやら現代思想とか、構造主義とかが騒がれているらしいと、はっきり自覚したのは七〇年代後半になってからだ。ラカン、デリダ、フーコー、クリステヴァといった新しいビッグネームが取り沙汰される。昼飯をたべながら、「デリダは誰だ」「ラカンはわからん」などといいながら、よく「要するにどういうことなのか」を話しあった。どうせわからないのなら、自分たちのためにもそれをテーマにした企画をたててしまえと、今村仁司さんなどに教えてもらいながら、現代思想ものを多く刊行したのは、アカデミズムと切れていた講談社だからできたことかもしれない。

難解で有名な廣松渉さんが話題になった。部員はみな、お目にかかるのは気が重い。読んでもよくわからないからである。編集部のいちばん若い、しかもマルクスなどまったく体験していない女性を担当に、断られてもともとという感じで送りだした。せっかくだからお宅にうかがって、記念にあの廣松さんの家のトイレでも入ってこい。そんな調子の冗談に近い依頼だった。あにはからんや、快諾していただいた。しかもトイレのドアノブにカバーがしてあったという報告まであった。廣松さんは現代新書を二冊書いている。

途中からPR誌「本」の編集にも携わることになった。一〇年ぐらいやっただろうか。安岡章太郎『僕の昭和史』をはじめ、連載を実際に企画・担当し、すこし雑誌のおもしろさをあじわった。

となりの部署から、黒柳徹子『窓ぎわのトットちゃん』が刊行されたのは一九八一年である。最盛期の売れ方は本当に信じられないほどだった。ともかく重版が一〇万、二〇万部単位、しかも何日もおかずに、また重版がかかる。ベストセラーというもののすごさを、となりにいて実感した。しかし悔しいことに、私自身はミリオンセラーには縁がなかった。

新書という形式は岩波書店が開発したものである。だから新書といえばまず岩波であった。最盛期は初版四万部、刷り置き一万部、しかも印税が一五パーセントだったはずである。中公新書は宮脇俊三さんが初代の編集長で、三田村泰助『宦官《かんがん》』とか、会田雄次『アーロン収容所』といったノンフィクションタッチのものに個性をもっていた。また歴史ジャンルについては絶対的な強さを誇っていた。

現代新書には、そのようなはっきりした個性があまりなく、中根千枝『タテ社会の人間関係』だけが目につくシリーズだった。ずっと遅れをとっていた。ところが渡部昇一『知的生活の方法』、板坂元『考える技術・書く技術』などのヒットが生まれ、その結果、いわばハウ・ツーものの現代新書という印象が生まれた。『文章の書き方』とか『英会話上達法』といったベイシックなものを、くりかえし刊行した。大学生人口が増大し、いままでのハイブロウの教養を売り物にする新書から大衆の新書へという変化に、おそらく無意識に対応していたのだろう。

京都のある著名な先生から、岩波なら部数は二倍以上（当時現代新書は二万部がいいところ）、書評にも出る、しかも印税は一五パーセント（現代新書は一〇パーセント）、なぜ僕が現代新書を書かなくてはいけないの、といわれたことがある。もちろん真顔ではなく、冗談めかした口調であったが、聞いている方はつらかった。そのくらい差があったのである。岩波新書に追いつけ追い越せというのが、ひそかな執念であった。結局は追い越すことなどできなかったが、いいところまで肉迫した。一時は定価も、現代新書の方が安かったこともあった。

新書の概念も、いうまでもなく岩波が作っていた。新書＝新しく書かれたもの。啓蒙・教養を内容とし、アカデミズムの大家に、その専門を分かりやすく解説・表現してもらうというのが基本であった。しかし、そのレベルではいつまでもたっても岩波にはかなわない。岩波と違う人材を広く探そう。作家、新聞記者、医者、在野の研究者など、ともかく書ける人材は肩書き抜きに起用しようという方針でいた。東京、京都以外のいろいろな大学にも触手を伸ばした。バラエティに富んでいるといえばかっこいいが、雑然としているというのが真相であろう。しかし編集部には活気があり、おもしろかった。

現代思想の難解な解説書といっしょに、通俗的なハウ・ツー本が並ぶ。装丁の杉浦康平さんに、「よくこんな本出すねえ」とあきれ顔でいわれたことも多い。しかし、そのハウ・ツー書が先に重版になるのである。

心理学、精神医学方面に力を入れたのも、結局は時代にマッチしたのだろう。編集部に消え入りそうな声で、人生相談の電話がよくかかってきた。

パソコンの解説本を作りはじめたのもこの頃ではないか。理科系出身の編集者が、まず『8ビットパソコンを使いこなす』（「使いこなす」というタイトルが味噌である）を手がけた。あっという間にそれが16になり、32になり、64になった（いまやどのくらいになるのだろう）。そのたびごとに新しく新書を出し、前の本を絶版にする。変化の激しさに驚嘆したものである。

あるとき、岩波新書が毎月三点の刊行を四点にするという情報が入った。そこから編集部の労働強化が起こったのである。新書は書き下ろしである。補助作業のフリー編集者に手伝ってもらうとはいえ、そのほかにPR誌「本」、「季刊人類学」の編集、さらに単行本も、七名の編集部でこなしていた。フロッピー入稿とか、メールによる送稿などない時代である。「あのころの鷲尾さんは、かなり質《たち》の悪い編集長だった」といまでも責められる。一種の黒船を迎え撃つような高揚感が、労働強化を生み出してしまったのであろう。

編集長時代のかなり後半、現代新書は創刊一〇〇〇点になる。自分もそろそろ異動時期であろう。せっかくだから変わったことをしようと思い、編集部全員が頭をひねった。今村仁司、丸山圭三郎、廣松渉といった大物は当初からラインアップしていた。しかしそれだけでは驚きがない。そのとき考えたのは海外の著者である。クリステヴァなどにも直接依頼した。もちろん断られた。返事が来ただけで歓声を挙げたような記憶がある（担当者はいまでもその断りの手紙を大事に持っている。その文面は「オオ、ナントザンネンナコトデショウ。ワタシハカクニハ、アマリニイソガシイ」）。映画監督の陳凱歌、オーギュスタン・ベルクのふたりが参加してくれて、一〇〇〇点記念の八冊同時刊行にこぎつけたのである。いまならなんでもない点数であるが、当時は壮挙だと自賛したものである。

岩波書店にも、中央公論社にも、文藝春秋社にも断られたという大型企画が、ある人を通じてとび込んできた。「清水幾太郎著作集」である。若いころ、新宿大京町の野口英世記念館にあった清水研究室に、何度もお邪魔したことがある。忘年会、暑気払いなどの会合にもたびたび出席していた（次第に防衛庁の制服組などが参加するようになり、壁に日の丸などが貼られるようになった。そして嫌気がさしていかなくなった）。晩年の保守化で清水さんは評判がよくなかったが、戦後史には欠かすことのできない大物である。販売的にはメリットはそれほどないが、著作集刊行の意味はとても大きい。それまで刊行されなかった方がおかしい。会社をなんとか説き伏せて、企画を通してもらった。

さてそれからが大変である。戦前戦後あわせて、清水さんの単行本は四〇〇冊をこえるという。それらを含め、雑誌まですべてコピーした（複写機が故障し、アルバイトの女性から泣かれ、結局自分で各三部コピーをつくった)。それから何を収録するかの選択である。卒論から遺著まで、ひととおり眼を通した。厳密なことでは類を見ないお嬢さんの清水禮子さんとのやりとり。ともかく全一八巻・別巻一の全体構成を終え、一部入稿したところで異動になった。残念ながら完成までタッチできなかったが、自分にとっては記憶に残る大仕事であった。

3　学術局へ

一年弱スタッフ部門にいたあと、こんどは学術局というところに責任者として異動になった。講談社学術局。講談社に学術の名はどうも合わない。ミスマッチというべきである。「医科学大事典」の流れを汲んだ一四、五名の小さな局で、わたしの年齢はなんと下から数えた方が早いという。はっきりいえば開店休業のような組織だった。そこをなんとかしろというのが、私に課せられた使命だった。

新書より少し上のレベルの選書をやることを中心に局を再建したいというのが、漠然とした方針だったようだ。メンバーは自動車会社から途中入社した三十歳前後、校閲から異動になったばかりの二十代、四十代後半の私とほぼ同年代がひとり、そしてコミック出身の五十代半ばが、選書創刊メンバーだった。正直いって、書籍づくりのイロハから始めるのはけっこう苦労した。編集会議のやり方からすべて手探り状態だったからである。毎週の編集会議、企画案の書き方、依頼の仕方、原稿の読み方、原稿整理、目次や小見出しのつけ方、装丁、等々。すべて最初の一歩から始めねばならなかった。

苦労が大きかっただけに、創刊にこぎつけられたときはうれしかった。編集部は友人、家族まで動員して、書店での「選書メチエ」のPRにつとめた。その「選書メチエ」もそろそろ創刊一〇年になる。できるだけ若い、新しい著者の発掘に主眼をおいたこのシリーズはたくさんの賞を獲得し（商売的にはまだ社に迷惑がかかっている）、硬派の書籍における一定のポジションを占めている。依頼して断られたことがないとか、「メチエ」に書きたいという著者が少なくないというはなしを聞くと、つい新書時代の屈辱を思い出し、感慨無量である。

作業的にはハードであるが、シリーズ創刊という事業はじつにスリリングでおもしろい。読者対象・内容水準の設定から、装丁・ロゴの作成、レイアウト、校閲をはじめとする社内体制の確立まで、お祭りのようなところがある。書店への販促活動まで、編集者のすべての機能がフル回転する。身体中の細胞がすべて目覚めるのである。だから一種の麻薬になる。

味をしめたわけではないが、つづけて「健康ライブラリー」という家庭医学書のシリーズを創刊、さらに「現代思想の冒険者たち」全三一巻というすごいものに挑むことになってしまった。

講談社は「人類の知的遺産」というシリーズをかつて刊行していた。河出書房の「世界の大思想」、中央公論の「世界の名著」の流れを汲んで、原著の抄訳、伝記、解説という構成だった。社内でたまたま、その後継シリーズをという意見が出たこともあって、それを引き取り、換骨奪胎。まったく新しい対象、新しい書き手、つまり現代思想に全面的に転換してしまったのである。
編集委員は今村仁司、三島憲一、鷲田清一、野家啓一の各氏。たぶん今村さんがいちばん年長で五〇歳をすこし越えたぐらい。これはいわゆる学界的秩序を破壊した、ある意味では暴挙だった。しかも一巻まるごと、若い研究者にひとりで書き下ろしをさせるという。レヴィ＝ストロース、ベンヤミン、アドルノ、アーレント、フーコーといった名前とならんで、ガダマー、ロールズ、さらにはジンメルとか、ホワイトヘッドまで候補に挙がる。何度も何度も会議を開き、五、六〇人の名をあげ、それを三〇人に絞り込むのである。サルトルとかレーニンといった、いままでの常連がどんどんはずれる。編集委員四人を含む勉強会までやり、その結果、じつに先鋭的な企画が成立した。

哲学的解釈学をうちたてたというガダマーは名前すら知らなかった。「地平の融合」がキー・コンセプトと聞かされ、あわてたことを覚えている。

企画案を会社に提出した席上、当時の常務から、「鷲尾クン、このなかでボクは六、七人しか名前を知らないが、大丈夫だよね」。ガダマーなんて、私もそれまで聞いたこともなかった。ついつい「任せておいてください」といってしまった。企画はぶじ通過した。このような阿吽《あうん》の呼吸と社の余裕はありがたかった。

月報に四コマ漫画を、いしいひさいちさんに書いてもらったり、巻末に読書案内をいれたり、講談社的工夫をこらしたが、三一巻全体でいえば、超難解なもの、とてもほぐれたものと、正直いっていろいろである。何度も何度も書き直しをお願いしたのであるが、それでも分かりやすくならない方もいた。ただ、日本の研究レベルが確実に上がっていることは、編集側でもよく分かった。まず著者たちの外国語の水準が、ともかく以前とはちがっていたからである。

アカデミズムに対して権威のない講談社であるから、このような過激な企画ができたともいえるだろう。しかし、肝心の読者はどう反応するのか、不安でもあったが、ふたを開けてみれば杞憂だった。平均すれば一万部を超えたからである。販売もかなり努力してくれた。やりがいのあるシリーズだと思ってくれたのだろう。いま中国では全巻翻訳出版されている。

学生時代から歴史にはずっと興味をもっていた。以前、大学のゼミの後輩でもある山本幸司さんから網野善彦さんを紹介していただいた。編集者生活のどこかで、「日本の歴史」シリーズなどができたらいいなと思っていた。ときおり、網野さんにお目にかかり、ちらっとお話しすると、「いまの時代、書ける著者がいないですよ」といつもいわれる。「現代思想の冒険者たち」が後半にさしかかるころ、強引にお願いし、結局なんとかご了承をいただいた。

編集委員をどうするか。できるだけ新鮮な方をということで、網野さん、山本さんのほか、当時まだ三十代半ばの、古代史の大津透さんにお願いしようということになった。さっそく手紙を書き、本郷の喫茶店でお目にかかった。

大津さんによれば、なぜ講談社のような「ややいかがわしい（？）」出版社から手紙がきたのかと、訝《いぶか》しかったらしい。岩波書店の知りあいの編集者に相談したら、「鷲尾という名は岩波でも知っている人がいる。悪い奴ではないだろうから、会うだけ会ってみたら」といわれたという。大津さんにも強引に、しかも無理やりにお願いし、編集委員になっていただいた。大津さんの紹介で桜井英治さん、山本さんの推薦で鬼頭宏さんにも参加いただき、五人の編集委員でスタートした。

「日本の歴史」でも、まず巻数、時代区分、執筆者候補の検討にかなり苦労した。「現代思想の冒険者たち」とちがって、広い範囲の読者がいる。中央公論などの「日本の歴史」シリーズの記憶もある。講談社でも大部数を刷れる企画ではないか。しかし、販売や書店の意向もある。長尺ものは売るのが難しいというのが、現在の大方の常識である。社内の調整にもそれなりに苦労した。特別巻の工夫も難航した。

著者の選定にあたっては、紀要の論文や著作物を、編集部でも比較して読み、会議を何度も何度も重ね、ようやく決めた。さらに執筆は勘弁してほしいという網野さんに、『「日本」とは何か』という第一回配本までお願いしてしまった。網野さんの大病は「日本の歴史」のせいではないかと、いまでも私は責任を感じている。

はじめから、いまの研究者は専門性が高く、時代を俯瞰してひとり一冊で全体史を書くことはむずかしいし、現状ではまず不可能だと、多方面からアドバイスをもらっていた。完結した全二

本書の刊行直後、「神の手」事件が起こった。大手版元ゆえに批判が集中するやりきれなさ。なんとも激しい、稀有な体験だった。

六巻を振り返っても、そういうところはたしかに否定できない。通史というより、問題史といった方がいい巻もある。ただこれが、二十一世紀初頭の研究水準のいちばん高い歴史シリーズであることは間違いないだろう。

　このシリーズはすばらしい出足でスタートできた。評判もよく、売れ行きも絶好調。その時だった。例の旧石器捏造事件が、タイミングを合わすように起こった。網野さんの『「日本」とは何か』と同時発売の岡村道雄さんの『縄文の生活誌』の叙述が、新聞紙上で盛んにたたかれた。最悪の結果になってしまった。教科書をはじめ、あらゆる旧石器遺跡関係の記述が「やばく」なった。ところが、刊行時期のせいか、また大手版元であるということからか、講談社版が非難の焦点になってしまったのである。

　推薦文を書いてくださった丸谷才一さんからも、新聞紙上で激烈なお叱りをいただいてしまった。また立花隆さんからもきびしく批判された。もちろん、いわゆる「神の手」を過剰に持ち上げていることは問題である。だが、当時の考古学の水準に立って記述されていることは、すべての書物に共通している。講談社だけが批判されるのは、なんともやりきれなかった。大上段から居丈高《いたけだか》に書き、みずからも神の手として持ち上げた過去にいっさい触れない朝日新聞の「天声人語」や毎日新聞「余録」とも激しくやりあった。そこでは、週刊誌時代の体験が生きていたのかもしれない。時間がいずれ解決してくれる。まあ、命までとられることはないだろうという開き直りである。

そうはいっても責任は重大である。いまだからいえるが、社に対しては、責任はどこかでとるつもりだった。しかし、シリーズははじまったばかりである。ここに至るまでの直接の担当者Kさんの苦労も並みたいていではない。結局、岡村さんとも善後策を検討しながら、真相が明らかになった時点で、改訂版を刊行することに決めた。その後「神の手」が関わった遺跡のほとんどがクロになってしまい、二年後の完結時に改訂版を出すことでようやく責任を果たせたのである。全巻予約の読者が多かったので、その取り替えの混乱が危惧されたが、予想した事態などなかった。しかし、なんとも激しい、稀有な体験だった。

改訂版を刊行し、しかも無償交換という方針を出し、大きな混乱もなく実現できたことは出版史上はじめてのことで、自信をもってもいいことなのかもしれない。社内の協力体制なしではそれは不可能であった。たしかに冒頭でつまずいたが、結局二六巻全体で一〇〇万部を超えた。もし「神の手」事件がなかったらと、ついよけいな想像もしてしまう。

改訂版の見通しがついたあたりで、混乱の責任もあり、そろそろ編集者として幕を閉じてもいいかなという気持ちになった。責任も果たせたし、管理職とか経営などという仕事が主になり、企画はおろか、原稿を読むことすらできなくなってきたからである。まして、そちらの方面には能力がないし、関心もうすい。編集者は現場にいないと干からびる。息苦しくなる。書籍全体が売り上げの面でも企画内容の面でも、下降している時期ゆえに心苦しかったが、わがままをいい、二〇〇三年二月いっぱいで社をリタイアさせてもらって、顧問になった。

みずからの足跡など、きれい事すぎたかもしれない。じつは編集者はもっと腹黒い。でもそこは書きにくい。ご勘弁いただきたい。

3　出版小史と出版事情

1　危機に立つ出版

現在日本の出版社数は三〇〇〇を超えるくらいあるそうである。しかも、その八〇パーセント以上が東京に存在している。偏在はこの上もない。もちろん机ひとつ電話一本という、きわめて小規模の出版社が大半である。戦前から続いている出版社は一〇パーセントほどだという。長続きするのはむずかしい。浮き沈みのはげしい業界なのである。書店数は一万軒ほど。しかしその数は年々減少している。いわゆるナショナルチェーンといわれる紀伊國屋、丸善&ジュンク堂、三省堂といった大型書店の全国展開が進み、地域で長年営業を続けてきた書店が廃業に追い込まれている。家族で長年営んできたような、いわゆる町の本屋さんが次々につぶれていっている。

書店数は減っているにもかかわらず、床面積は増えている。それは、チェーン展開する大型書店の増大を意味している。また、総売り上げに占めるコンビニの比率も年々上昇しており、コミック・雑誌を中心に、書店三に対して、CVS一の割合までになっているという。

大型書店にはPOSシステム（point of sales system）が導入されている。バーコードをレジで読み取り、瞬時のうちに日々の売り上げをつかまえることができる。必然的に売れ行きの遅いものは敬遠される。結局、雑誌中心、コミック偏重の商品構成に、書店の棚はならざるを得ない。多様性が生命の書籍は、ますます読者の目にふれにくくなる。

あとで詳しく述べるが、本は一点一点、中身のちがう商品である。一冊の本は、ある人間にとってはかけがえのない存在だが、他の人にしてみればたんなる重いモノにすぎない。読みたくないものをもらっても、ちっともうれしくない。

出版社の人間は、むかしよく、作っている人には失礼なはなしだが、「われわれはナベ、カマを作っているのではない」と誇らしげにいっていたものだ。本は個別の文化性を帯びた商品だからである。しかしそういった、生涯を決定するような本があるかと思えば、紙の集積にすぎないじつにくだらない本もある。そのいずれもが、本ということでは変わりがない。「ナベ、カマ」的な商品は、広く汎用性がある。本はその要素を欠いている。誰にでも役に立つわけではない。つまり特殊な商品なのである。それが出版、とりわけ書籍が多品目、少量生産にならざるを得ない理由なのである。

ときおりミリオンセラーが出現する。そのため出版物は、大量生産されているという印象を受けるかもしれない。しかし発行部数を考えれば、たとえば新聞の比ではない（「読売新聞」は一〇〇〇万部を誇っている。ベストセラーの新潮新書の養老孟司『バカの壁』でも四〇〇万部を超えたぐらいだ）。また電気製品のような商品は、何千といった単位では採算がとれないだろう。そういう世界に比べ、出版はもともときわめて手工業的な産業なのである。

雑誌・書籍をふくんだ出版産業全体の売り上げは、約一兆八千億円である。一時期、二兆七千億にまで膨らんだが、この二十年ほどの出版不況は急速にその数字を下げている。じつは私が勤め始めたころの三十数年前の水準と、今はそれほど変わっていない。たしか一九七〇年ころ、売り上げ数字はパチンコ業界と肩を並べていたはずである。ところがいまや、パチンコ産業は二十兆円といわれている。大変な差がついてしまったものである。なぜそうなってしまったのだろうか。最大手の講談社、小学館といった出版社でも、売り上げは千二百億ほどである。社員も一〇〇〇名たらずで、トヨタ、ソニーといった巨大企業とは比較にならない。ところが新聞広告をみれば、かなりのスペースが出版物の宣伝によって占められている。現実の企業の実力にくらべ、社会的認知度は異常に高いだろう。その落差も不思議である。

出版社にとって、経済成長することは第一義的なことではない。それはそのとおりなのだが、ではこのまま手をこまねいていてよいものなのだろうか。

読書人口の減少傾向、あるいは本と競合するライバルの出現（たとえばアイポッド、スマートフォン、TV、PCゲーム）をどのように位置づけ、考えるかは、出版にとって大きな課題ではないか。話題になった斎藤美奈子『趣味は読書。』（平凡社）を読んでいたら、「本を読む時間を持っている人は全人口の十一パーセント」、読書時間は「日本人全体で一日平均すると九分にしかすぎない」、つまり「読書する人は少数民族なのだ」と書かれていた。なるほどと思いつつも、正直いって気が重くなった。

出版という衰退産業のなかで、編集者とはいかにあるべきなのだろう。きわめて難しい問いである。そこに居直るべきなのか、それとも活路があるのか、判断に迷う。書店をおとずれる多くは年齢の高い人々である。聞くところでは、新書などの平均読者年齢は五〇歳をこえているという。いまの学生には新書はむずかしいというのだ。そのような話をきくと、若い読者をどのように本の世界に導くかは、たんに出版産業だけの問題ではない、大きくいって文化の問題ではないか、と思えてならない。

2 日本の出版をふりかえる

杉村武『近代日本大出版事業史』(出版ニュース社)などによると、明治の初めから、文部省は『古事類苑』などの出版事業を企てていた。また、現在の東京大学史料編纂所の前身などが、国の事業として出版の大企画をすすめていた。一方、民間では博文館、三省堂、実業之日本社、春陽堂、新潮社などが、すでに明治中期から活動を開始していた。ただしその読者は、質量ともに限られたものだった。

当たり前の話であるが、読者の成立なしに出版の歴史は考えられない。現在のような出版社の原型は、明治末年ごろに初めて成立したと考えられる。一九〇九（明治四二）年、野間清治が講談社を、一九一三（大正二）年、岩波茂雄が岩波書店を創業した。そのあたりが、出版の歴史におけるひとつのメルクマールといえるのではないか。というのは、この明治末から大正初めにかけて、大衆という存在が社会の表面に初めて浮上してきたからである。つまり読む層が、以前とは比較にならないほど広がったのである。

年表にはこんな記述が目につく。一九〇六（明治三九）年、片山潜らの日本社会党ができる。一九〇七（明治四〇）年、小学校令改正（義務教育が六年になる）、夏目漱石、朝日新聞社入社。一九〇八（明治四一）年、文部省、学生・生徒の風紀取締り強化につき通牒。一九〇九（明治四二）年、尋常小学校国定教科書を印刷する東京書籍、日本書籍、大阪書籍設立。一九一〇（明治四三）年、幸徳秋水らの大逆事件。一九一一（明治四四）年、学齢児童の就学率は九八パーセントに達する。一九一二（明治四五、大正元）年、有朋堂文庫刊行開始。

日清・日露戦争のあとの大きな社会変化に、教育制度の改革がある。その結果、文字を読む人口が急増した。漱石が朝日新聞に入り、連載小説を執筆したり、連載小説の企画に従事することになるのは、まさに象徴的なできごとといえるだろう。帝大教授という指導的立場を捨て、一民間新聞社に移ることの衝撃は、想像以上に大きい。つまり読者が成立しているという事実に、メディアも漱石も気づいたのである。前田愛『近代読者の成立』（法政大学出版局）によれば、このころ黙読できる層が大量に出現したのだという。娯楽としての読書が可能になったのだ。

もうひとつ忘れていけないのは、家庭のなかに夜の時間が生じたことである。電灯が全国に広がっていったことが大きいだろう。読書人口を支えるインフラ整備である。灯りの下で新聞や本を読む娯楽が、このころ生まれたのである。その結果、都会から農村へ、学校から家庭へと、読書人口が輪を描くように急速に増えていったと想像できる。そのような環境なしに、講談社や岩波書店がとうてい成功するとは思えない。野間清治や岩波茂雄は、その意味において時代の変化を鋭敏に見抜いていたといえる。

日本出版史の次の転換期は、おそらく大正末から昭和にかけてではないか。一九二四（大正一三）年一一月二八日、講談社の「キング」（大正一四年新年号）の創刊がまずあげられる。月刊で、菊判、三五四ページ、定価五〇銭。創刊号は驚くなかれ、七四万部に達した。いまでいう大量販売、大量宣伝の始まりである。これは当然、製紙、印刷、製本の技術の裏づけがなければできない。現在でも創刊号でこのような大部数はなかなか刷れないだろうから、驚くべき出版の発展ぶりなのである。少し前には、「週刊朝日」「サンデー毎日」（一九二二〈大正一一〉年）も刊行されている。つまりマス・セールというスタイルが、このころ確立するのである。

一九二五（大正一四）年三月の年表に、東京放送局試験放送開始、衆議院で普通選挙法案修正可決、治安維持法案修正可決という記述が並んでいるのは、きわめてシンボリックなことだ。この年、神宮球場で東京六大学野球リーグ戦がはじまり、他方「家の光」が創刊されている。これらの事実は、資本主義の一定の成熟段階を示している。芥川龍之介が一九二七（昭和二）年に「ぼんやりした不安」と言いのこしてみずから命を絶ったのは、そういった時代の変化を予感していたからにちがいない

一九二六（大正一五）年、日本出版史上、特筆すべき事件が起こった。「円本ブーム」である。改造社が「現代日本文学全集」三七巻（のちに六六巻に増える）を、一冊一円で予約出版を始めた。それが爆発的な反響を呼び、二五万の予約を獲得した。派手な新聞宣伝、文芸講演会といった手法が全国を席捲した。続いて翌年一月、新潮社が「世界文学全集」を刊行。新聞見開き二ページの広告をうち、大成功のスタートを切った。水島治男『改造社の時代』（図書出版社）や、松原一枝『改造社と山本実彦』（南方新社）などによれば、改造社は当時経営危機にあり、円本企画は起死回生の大勝負であったようだ。

「円本は従来の三冊ないし四冊の分量を一冊で、というのがウリですね。そうすると、たとえば、当時二円前後の本三冊分が一冊になって一円ですむわけですから、単純にいって六円前後のものが一円になってしまう。しかも同じものが一円に下がったわけではなくて、三倍の分量が六分の一の値段になってしまった」（小田光雄・山本芳明対談「円本の光と影」、「文学」二〇〇三年三・四月号）。これはすなわち、低価格による大量販売なのである。

円本のきっかけはつぎのようなことであったらしい。あるとき入社したばかりの編集者が、廊下ですれちがった山本実彦に、「震災で本が焼けてしまい、いろんな文学全集が刊行されている

けれど、いずれも高くて手が出ない、研究者はぜひ必要だから高価でも買うだろうが、一般読者のために安い明治以来の著名な文学者の代表作を集めた全集を出版してもらえたら」というようなことを伝えたという（松原一枝、前掲書）。そこでひらめいたのが円本だったという。山本の企画は当たった。しかも柳の下にドジョウは、二匹も三匹もいたのである。そのあと各社の出版合戦、宣伝合戦はいっそう激化した。

春陽堂「明治大正文学全集」、春秋社「世界思想全集」、平凡社「現代大衆文学全集」、「世界美術全集」、講談社「講談全集」など、五年ほどの間に、円本は三百数十種が出ているという。児童書の世界においても、北原白秋系のアルス社「日本児童文庫」と、菊池寛が関係していた興文社「小学生全集」が激しく対立し、双方の編集に名を連ねてしまった芥川龍之介が間に挟まって苦悩したという話はよく知られている（自殺にいたった理由と考える向きすらある）。平凡社など、「新興文学全集」「社会思想全集」「明治大正実話全集」「映画スター全集」「世界探偵小説全集」「令女文学全集」「世界家庭文学全集」「世界猟奇全集」「川柳漫画全集」などを、矢つぎばやに刊行し、結局一九三一（昭和六）年には倒産している（前掲「円本の光と影」）。円本バブルの崩壊である。

おそらく同一次元の問題なのであろうが、一九二七（昭和二）年、岩波文庫が創刊されている。ドイツのレクラム文庫をモデルにしたといわれているが、これもいわゆる大衆化現象のなかにおいて成立した企画なのであろう。山本夏彦『私の岩波物語』（文藝春秋）はこんなふうに皮肉な見方をしている。

「小林（勇）の岩波伝によれば岩波は山本（実彦）を軽蔑していた。無定見だからである。けれども山本の大成功を見て心はおだやかでない。全集という全集はみなこのわずか一年の間に他社に先んじられている。やむなく手をつけたのが岩波文庫である」。

つづいて改造文庫ができる。低価格による読者の拡大、逆にいえば、「キング」の読者から世界の文学・哲学思想の読者まで、本や雑誌を読みたい、あるいは読める層が広範囲に出現したということなのである。

そのころ雑誌の値段なども下がっている（たとえば講談社では一九二七〈昭和二〉年、「幼年倶楽部」を五〇銭から四〇銭へ、一九二八〈昭和三〉年、「雄弁」八〇銭を五〇銭に、「現代」は一円を五〇銭に、一九二九〈昭和四〉年には「講談倶楽部」を一円から六〇銭に、「婦人倶楽部」を八〇銭から五〇銭に改定している）。つまり円本をきっかけにして、本の売られ方が一変してしまったのである。このように見ると、ついこのあいだまで円本時代と同じ構造のもとで、日本の出版界は動いていたことがよく分かるだろう。

先の山本夏彦は次のようにもいう。

実業之日本が雑誌の返品を認めたから飛躍的に売れたのは、それまで本屋は買取りだったからである。小売書店は利の薄い商売で、しかも運賃は書店持ちである。返品すればその運賃もまた書店持ちだから仕入は慎重である。この本は三冊売れる一冊なら売れると目がきいたのはこの故である。もし売れなくてもながく棚に置けばいずれは売れる。それでも売れなければ割引く。自分の見込みちがいだから返品するのを恥じる風が当時はあった。薄利ではあっても品のいい商売で、地方都市では目に文字のある人の稼業で一家が食べられればそれでよかった。（中略）本屋を稼業でなくしたのは円本である。本も大量生産して大量消費させることができると考えていちかバチか試みて成功したのが改造山本なのである。

次の画期は、週刊誌が雨後の筍のように出現した一九六〇（昭和三五）年前後である。また年表を眺めてみよう。

一九五八（昭和三三）年、インスタントラーメン発売。一九五九（昭和三四）年、フジTV開局で、いわゆる五局体制ができあがる。前年からのミッチー（美智子妃）ブーム。岩戸景気。日産ブルーバード発売、いわゆるマイカー時代が始まる。このころ「週刊現代」「週刊文春」「週刊平凡」「週刊少年マガジン」「週刊少年サンデー」などが創刊された。「朝日ジャーナル」もこの年の創刊である。週刊誌創刊は、この年二〇誌をこえたという。総理府は一九五九（昭和三四）年五月、週刊誌の一週当たりの総発行部数を一二〇〇万部と想定した。

一九六〇（昭和三五）年、安保条約改定阻止反対闘争、三井三池闘争。出版では文学全集などの大型企画がブーム。謝国権『性生活の知恵』（池田書店）がベストセラーになった。一九六一

（昭和三六）年、『国民百科事典』（平凡社）が刊行され、一家庭一百科事典を謳い、全七巻セットが二五万部をこえる話題作になった。また岩田一男『英語に強くなる本』（光文社カッパブックス）がミリオンセラーになる。この年には、生理用品の「アンネナプキン」が発売されたことも記憶されていい。

テレビ開局、週刊誌ブームということで、いわゆるマスコミ業界は大規模な人員増に踏み切ってゆく。背景となる日本経済が高度成長に突入したのである。いままでの出版というものとは、規模や社会的位置づけが違ってきた。結果として出版社の社会的認知度も高くなってきたのではないだろうか。それにつれて、当然責任も大きくなってくる。

深沢七郎『風流夢譚』事件（天皇一家を風刺した小説で、右翼などが問題にした）で、嶋中鵬二中央公論社社長宅が襲われ、二人が殺傷されたのも、そのような変化が根底にあるように思える。つまり国民全体に、徹底した大衆化が進行していたのである。雑誌・書籍と読者の距離が、以前に比べずっと近くなったのである。

出版社系の週刊誌の登場はそのことを象徴していよう。当時、梶山季之らとともに初期の週刊誌に携わっていた岩川隆の回想がある。「それまでの〝良識〟の新聞社系週刊誌に対し、〝本音〟と〝内幕〟の出版社系週刊誌の登場であった。この対比はいまも続いているが、高度成長の路線に第一歩を踏み出し情報の拡大をひそかに望んでいた当時の読者大衆の気持ち、要望、ニーズを出版社系週刊誌がいち早くとらえたとみることもできるだろう」（「週刊誌戦国時代」、毎日新聞社編『岩波書店と文藝春秋』所収)。

3　コミックの出現以後

以上のところまでは、歴史としてかなり定着した事実である。書く人によって大きく変わることはないだろう。ところが、これから述べることはいまだ現在進行形であり、どの方向に進んでいるのか、正直いって誰にもわからない。それは、コミックが出版部門のメインストリートにある時から躍り出たことを指している。

私は漫画・コミック部門をまったく経験していない。もちろん同期のなかには、コミックに配属になったものもいる。しかし、いずれももとは活字志向人間であるから、すぐさまそういう部署に異動になってしまう。三十数年前には、コミックをやりたくて出版社を受けるなどという人は皆無だったのである。ところがあるときから、コミックがどうしてもやりたいという受験者がとても多くなった。面接で口角泡をとばしながら、「週刊少年ジャンプ」を凌駕する秘策を語る若者が多くなった。時代は変わったと苦笑する間もなく、いまや文芸とか学芸部門の志望者が、逆に圧倒的少数になってしまった。

一九九〇年前後だったと思うが、「週刊少年ジャンプ」の発行部数が六〇〇万部を超え、話題になったことがある。これに「週刊少年マガジン」「週刊少年サンデー」「週刊少年チャンピオン」の四誌を合わせると一五〇〇万部近くになるというのだ。さすがに現在は、このような絶頂期からはだいぶ低減してしまったが、いまだに膨大な部数が毎週出ていることは確かだ。閲読率(一冊を何人が読むかという割合)を考えると、おそらく今も、すさまじい数の読者が存在している。

このコミックの時代は今もなお続いている。連載を単行本化したもので、話題になったものの初版部数も想像を絶する。たとえば私が知っている例でいえば、『バガボンド』とか『ブラックジャックによろしく』などという人気コミックは、初版が一〇〇万部を超えるものがある。そして重版(増し刷り)の単位も、何十万部なのだ。このような単行本は、長期連載がもとになっている。トータル何十巻、総発行部数が一〇〇〇万を超えているものなどざらにある。他のさまざまな分野と比較して、その数量はゼロがひとつもふたつも多くなっている。ふつうの活字単行本では、逆立ちしてもかなわない(私の経験した世界では、売れることを見込んだ単行本で初版一～二万部。ふつうの初版部数は何千の単位である)。尺度がちがっている。

売り上げの額も執筆者への支払いも、はんぱではない。しかも他のジャンルと比較して、コミックの世界では寡占が極端だ。集英社、講談社、小学館、秋田書店、白泉社の上位五社によって、おそらく九割以上が占められているだろう。とりわけ、集英社、講談社、小学館の三社の占める比率はかなり高い。特異な現象である。

コミックはまた海外にも進出している。ヨーロッパ、東南アジア、中国、台湾、最近ではアメリカでも人気がある。海外からの版権収入も大きい。つまりコミックによって、講談社などの大手出版社の収益構造は支えられているのである。大げさにいえば、「コミックにあらずんば、編集者にあらず」といった雰囲気が生まれても、さほど不思議ではないだろう。大手に限ったことかもしれないが、コミックがもたらした高い収益性によって、編集者という概念や機能、あるいは出版社の雰囲気が、変わりつつあるようにも思える。

コミックは圧倒的にマス志向である（どんなものでも少なからずそういうところはあるが、なかなかうまくはいかない）。マイト・イズ・ライト（力は正義なり）ということばがあるが、とりわけコミックは売れなければ意味がない。いかに多くの読者を獲得するか。そのため、テレビなどの映像化にしのぎを削ることになる。映像化されると、コミック単行本の売れ行きがぐんと伸びるからである。大手出版社では、コミックの利益におんぶに抱っこの状態が、一〇年以上続いてしまった。コミックの売れ行きにやや翳りが見えはじめてきた現在、講談社などの大手出版社は、その依存体質の改革に迫られている。

はじめにも述べたが、ひとくちに出版社といっても千差万別である。規模も、内容も、志も、目指す方向も、それぞれにちがう。

総合出版社といわれる講談社、小学館、集英社などの組織を見ても、ひとつひとつの部署の規模は大きくない。男性誌、女性誌、情報誌、幼児誌、コミック、文芸・学芸、文庫・新書、ノンフィクション、児童書、実用・趣味、医学・工学など、多くの部門を集めているから大きいのである。大学がいろいろな学部を束ねて総合大学（ユニヴァーシティ）になっているのと似たようなものである。

専門出版社はその比喩でいえば、いわばカレッジである。ある分野を深く掘り下げる。たとえば歴史ジャンルにおいては吉川弘文館、山川出版社が二大出版社である。もちろん総合出版社もこの分野を手がけているが、より専門的な内容になると、この二社が圧倒的に優位に立っている。ほかにも理工書、医学書、児童もの、スポーツ専門、語学・辞書など、いずれも、長年手がけてきたノウハウと人脈は、追随を許さないところがある。

コミック出版が寡占であることはすでに紹介した。高利益ということで、さまざまな出版社がこの分野に参入しようとしたが、結局うまくいかずに撤退してしまった。ひとつの出版社が長年にわたって築きあげた編集技術の伝統と販売ノウハウは、それほど簡単には習得できないものなのである。産業として大きくないにもかかわらず、出版社の数が多いのは、そういうこととも関係しているだろう。

作り手だけではない。読者も多種多様である。年齢（幼児から高齢者まで）、性別、サイクル（週刊、月刊、季刊、年刊、シリーズ、単行本）、判型（文庫、新書、四六、B6、A5など）、みなちがう。もちろん内容のちがいがいちばん大きい。娯楽・趣味から専門書まで、書店の棚に行けば、私たちの生そのものが、すべてが書籍・雑誌の形式のなかに収められていることを知るだろう。考えてみれば、それは驚くべきことなのだ。趣味・嗜好のコーナーに犬の成人病対策の本があるかと思えば、スポーツのコーナーにはヨーロッパの人気サッカーチームの詳細な紹介本まである。不思議な本もたくさんある。誰が読むのかしらと疑問に思って書籍の奥付を見ると、大変なロングセラーだったりする。人間という生き物の多様な関心事を、出版物ほど明らかに示しているものは少ないのではないか。

その他、出版業界としていえば、多くの新聞社が出版局を持っている。また大学出版会も最近多くなってきた。アメリカなどでは学術的書籍を、いわゆる大学プレスが多く担っている。学術的に貴重だが採算的にくるしい出版物に、大学側が援助し、刊行を助ける組織である。またベストセラーだけを志向する出版社もある。社長が前面に出て、大規模な宣伝をかける。現代版円本、現代版山本実彦というタイプだ。そういうところは一見派手だが、持続するのがじつはむずかしい。華やかになればなるほど自転車操業になることは、目に見えている。先人の教訓でもある。

くりかえすが、出版社をひとくちでいい表すのはとてもむずかしい。すべて異なっており、個性的であるからだ。ただいかなる出版社でも「志」が失われたら持続しない。それは歴史が証明している。冒頭にもいったが、戦前から続いている出版社はたかだか一〇パーセントである。

4　企画の発想法

1　自閉的傾向のなかで

すでに述べたように、私は主に人文・学芸系の書籍編集をやってきた。それゆえ編集といっても、どうしても書籍に偏っている。コミックとか女性誌、児童ものについてはほとんど知識がない。そこはなにとぞご了解いただきたい。

まず編集者の仕事の流れを一本の棒にして描いてみた（次頁の図参照）。左端がスタートである。編集者の仕事は企画（プラン）を立てることから始まる。当たり前なことであるが、企画がないところに、編集はない。企画力は編集者の生命線なのだ。ともかく編集者の脳のどこかにアイディアが生まれ、そこからすべてのことが始まる。図のように、そのあと依頼、催促、原稿の手直し、読み、入稿、脱稿後の製作（造本、装丁、レイアウト）、印刷・製本、販売、PR活動、つきあい（人間関係）まですべてが編集者の活動範囲であるが、そのきっかけは企画であり、無から

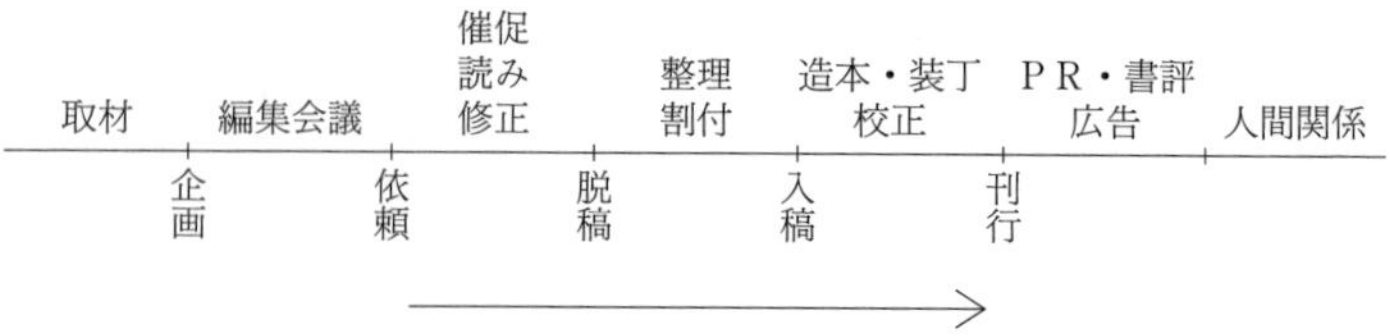

編集者の時間の流れに沿った仕事内容

有を作り出すプランなのである。

編集者に浮かんだ企画が、著者の頭脳を通過する。その結果、蚕が繭糸を分泌するような行動が著者に始まる。文字を紡ぎだす。執筆である。しかしそれだけではじつは絹糸にならない。分泌物を集め、加工し、処理して、初めて絹糸ができあがる。編集工程とは、著者という蚕を見つけ、分泌させ、それを絹糸にまで仕上げるプロセスといってもいいだろう。著者を蚕扱いして失礼かもしれない。しかし良質の蚕がなければ、いい絹糸は得られない。加工がよくても、しょせん限界があるからだ。企画と著者はセットである。一体といってもいいだろう。優れた著者を見つけるのも企画力のひとつである。それはあらためて論ずることにして、まず私たちをとりまく文化状況から説明していこう。

すでに触れたように、書店の棚を眺めると、あきれるほど多種多様の本が並んでいる。古本屋にいけば、その驚きはさらに倍加する。これ以上本が必要なのだろうかと思うかもしれない。しかし人間の欲求は無限である。もっともっと世界を把握したい。世界を解き明かしたい。そのためにはことばしかない。文字・言語以上に私たちの欲望をみたす道具はいまだあらわれていない。人間は言語をもった動物であるゆえに、活字のもつ力はもっとも有効なのである。それはまちがいない。とはいっても、近年の社会の変化は激しい。出版にとって厳しい時代であることは否定できない。企画を立てるとき、私たちを取り巻いているそういう状況への認識は不可欠である。いままで通りでよいというわけにはいかないだろう。

第一に、私たちはゆったりとした時間を持てなくなっている。日本人全体が忙しくなってきている。例えば通勤・通学時間を眺めてみよう。以前は車内でできることは限られていた。新聞・週刊誌・本を読む以外に時間を費やす手立てがあまりなかった（あとは中吊り広告を眺めるくらいだ）。だから車内は活字の独占的時間・空間だった。ところが、いまや車内には競争相手が多く出現している。アイポッド、ゲーム、スマートフォン、さらにパソコンまで乱入している。活字にとっての花園ではなくなってしまった。一日二四時間を、どうしたら読書のために獲得できるか。競争はむかしよりずっと激化している。

おそらく大正から昭和にかけては、ひとつの灯りの下で「キング」や「少年倶楽部」を読むことが娯楽の主流だったのだろう。つづいてラジオや映画が強力なライバルとして出現、さらに昭和三〇年過ぎには、テレビが茶の間を玉座のごとく占拠してしまう。すでにそのときから家のなかで、読書は主戦投手ではなく控えにまわっていた。さらにそれまで独占的な時間・空間であった車内までが侵食されている。これは由々しきことではないか。企画を立てる場合でも、そのことは考慮せざるを得ない。

家のなかにおいても、机にむかって本や雑誌を読む比率は人口の五パーセントにも満たないという。つまり読書は、次々と出現する新しいライバルと競り合いながら、その力を発揮しなければならない。そのような状況のなかでの企画なのである。

価値観の多様化も急速に進行している。それも背景の変化のひとつだろう。そのひとつの例をあげてみよう。

旧ソ連などの現実がいかにひどくても、戦後の日本人は、社会主義に対してどこか憧れのような気分を長らく持っていた。私たちの世代などはとくにそうだった。ところが一九九〇年前後から、ドミノ的に社会主義が倒壊する。そのとたん、憑き物が落ちてしまったのか、社会がどの方向に進んだらいいのかというような議論は、まったく見向きもされなくなった。理想主義の崩壊といってもよい。理想を語ることが、どこか子どもっぽく見えてしまっている。多様化というと聞こえがよいが、あれもよい、これもよい、という価値の平準化・平均化が極度に進行している。文化秩序にヒエラルキーがなくなってしまったのである。それは出版の仕事にも大きく影響している。

哲学書とタレントのエッセイは、おのずから位置が違っていた。べつに哲学の方が上位にあって、タレントのエッセイをバカにしていいというのではない。ただ少なくともそこには、異なった種類の本であるという常識があった。読者も異なり、刊行する出版社も違っていた。棲み分けていたはずである。ところがそれが混交し、グジャグジャになってしまっている。何でもありで、尺度が不在なのである。本に対する読者の欲望が見えにくくなっている（これは表面的で皮相な見方にすぎない、読者の関心はいままでとまったく変わらないという正反対の意見も一概に否定はしないが、一般的には出版の世界は混乱しているといった方がいいだろう）。

ブランドが通用しなくなった。これも近年の特徴である。顕著な実例として岩波書店を挙げることができる。岩波書店は出版界における最大のブランドであった。いまやそれが怪しくなっている。少し前なら大学生のほとんどが岩波書店の名前は知っていた。その刊行物の水準をだれしも疑わなかった。できたら岩波書店から著作を出したいというのが、大半の執筆者の思いであったろう。岩波の本を小脇に抱えていることが、勉強している学生の定番イメージであった。つまり信用のある、一種特別な出版社であった。そのイメージがかなり壊れてしまっている。もちろん岩波書店自身の変貌もある。しかし、大きいのは社会がもっていた視線の変化であろう。

よく売れるとか、多くの書店に並ぶとか、あるいはどの程度宣伝できるかというレベルが、つねに問われるようになる。すると特別に岩波書店がぬきんでているわけではない、ということになる。幻想がなくなれば、結局横並びになる。もちろん他の出版社の努力もあるのだが、読み手の方にも岩波を特別視する空気が希薄になってしまった。いまでも優れた書籍を多く刊行していることは間違いないのだが、往年の特別なイメージはもう望むべくもない。なにもこれは岩波に限ったことではない。社会主義と同じように、いままで築いてきた権威や信用が、じつにあっという間に壊れてしまう。それを維持するのがとても大変になっているのである。だからよけい、企画案は個別性・独自性を質《ただ》される。

第三に、インターネットを中心にしたメディアの多様化も大きいだろう。ともかく、すべてパソコンに頼りきっているのが昨今の風潮である。誰しも足を使って調べようとしない。取材は画面で行おうとする。たしかに、インターネットでかなりのことまでが可能になった。わざわざ本など買わなくても、という気分になる。それも理解できないわけではない。

本などと違い、インターネットは通信費だけですむ。お金の問題もあるかもしれない。本の場合、必要な情報が得られるか否かは、手にして読んでみないと明らかにならない。いまや本の最大のライバルはインターネットなのだ。時間獲得競争の上でも同じことがいえるだろう。机の上には本でなくて、パソコンが置かれている。

インターネットでは得られないおもしろさを、企画にどのように反映させるか。安易なプランでは太刀打ちできない。それは自覚しなければならないだろう。これからの企画は、そのような困難とも闘わなければならないのである。

企画を立てる際の環境・状況の変化を、やや悲観的に述べてきた。

同じようなことが書く側にも起こっている。それは学問のあり方の変化といいかえてもよい。素朴かもしれないが、学問を志すことは、社会を少しでもよくしたいという思いから発していたはずである。もちろん直接すぐ役に立つものばかりではない。迂回するかもしれないが、いずれ社会の進歩に寄与できる、またできなければならない、という思いは常識であった。ところが、いつからかその常識が一変した。社会をよくしたい、世の中のためになりたいというのではなく、自分がおもしろければいい、自分に関心のあることしかやらないという風潮が蔓延してきた。学問の自閉化、オタク化現象である。

専門化とオタク化は表面的には相似している。しかしベクトルは正反対を向いている。オタクには社会が存在していない。たしかに、あることがらについての考察はくわしいかもしれない。しかし、それが全体のなかでどのように位置づけられるのか、意味を持つのか、あるいは隣接領域といかに関係するのかという発想は持たない。明治の政治史については詳しいが、「漱石、鷗外、啄木は読んだことがありません」。このようなタイプの研究者が多くなっている。

学問におけるオリジナル競争はますます激しくなっている。それゆえ他人のやらない、狭くて細かいテーマが必要になっている。大学などでのポスト獲得のためにも、よけいなこと、ムダなことはしたくない。おそらくそういうことが影響しているのだろう。あまりにも学問の細分化、タコツボ化が進みすぎている。その文章は紀要とか、学会誌なら掲載することが可能だが、一般書ではとうてい無理という学者が増えている。また編集者がおもしろいテーマを持っていっても、私は専門ではありませんといって断られるケースが、たいへん多くなっている。

余談になるが、その背景には日本全体が持った豊かさも関係していよう。読者も著者も貧しさと無縁になってきた。もちろんすべての学者・研究者がそうだとはいいきれないが、大学院に進学し、勉学をつづけ、ポストを得るまでにはかなりの財力が必要である。相対的には恵まれた環境の人間が、比較的多く大学の教職についている。それゆえ原稿や本を書くことによる収入を必要としないのかもしれない。豊かさとオタク化。繭を作れる良質の蚕が少なくなっていることは、まぎれもない事実だ。

大学も相対化されている。東大、京大が特別な存在だとはあまり思われなくなった。実質が問われるようになったからだ。それは悪いことではない。しかし一方で、学問の迫力のようなものも一緒に失われてしまっている。

編集者の変化も著しい。すでに述べたように、出版社がいつからか、どこか派手なイメージをまとうようになった。実力以上に社会的認知を受けてしまった。一部の大手出版社の高賃金という印象が出版界全体を染めているところがある。大手出版社は入社したい人気企業になってしまった。本来水商売で、明日はどうなるか分からないといった不安定な仕事に、偏差値の高い、いわゆるブランド大学から多く入るようになってきた。

いままでは、出版社はまともな人が行くところではないというイメージを色濃く持っていた。先に引用した山本夏彦は「賤業」とまでいっている。たしかに、むかしよく冗談めかしていわれたものである。「者」がつくものはロクなものではない。学者、役者、芸者、新聞記者、編集者。そういうイメージだからこそ、成績がよくない、学生運動などで思想がよくない、身持ちがよくない、結局マスコミぐらいしか受けられず、なんとか潜り込んだという人間が、編集者には多かった。だから会社と関係なく、やりたいことに寝食を忘れて邁進《まいしん》できたのである。給与とか待遇はあまり気にならなかった。社会に向けてメッセージを発信したいという人間が大半だった。

もちろん変人、奇人も多かった。しかしそういう人たちの作る本や雑誌は味が濃く、豊かなものをもっていた。

いつごろだろうか、面接していて驚いたことがあった。「一緒にどこを受けていますか」と聞いたところ、次々に大銀行とか大商社を挙げるのである。こちらが唖然としてしまった（みな成績が悪く、そういうところは受けることさえかなわなかった連中が面接官である）。銀行と出版社が志望会社のなかで並存する感覚が理解できなかった。

ところがいまの時代の若者にとっては、入社試験も偏差値が基準になっている。偏差値の上位に出版社が入ってしまっているので、彼らは当然のように受験するということになる。

英語は話せる、受け答えは如才ない、勉強はできる、感じも悪くない、しかもブランド大学出身である。世間的に何の不足もない。かなりの比率で彼らは難関をパスしてしまう。ややオーバーにいっているが、大筋はこのような経過をたどってきた。するとどういうことがおこるだろう。「何がやりたい」ではなくて、「いわれればやります」というタイプが増殖することになる。指示待ち世代である。

彼らには優れているところも多い。まとめる力はある。整理する能力もある。しかし、いきのよいプランが出ない。困難ななかで企画を実現させる粘りが足りない。つまり自分でやりたいことがはっきりしていないのだ。使い走りにはよい。優れた編集長のもと、いわれたことをこなすにはいいかもしれない。しかし、みずから発想し、著者を動かそうとするとき挫《くじ》けやすい。もちろんすべてそうだというのではないが、傾向として偏差値世代の脆弱《ぜいじゃく》さは否定できないだろう。逆にいうと、好奇心や志が薄弱なのである。

インターネットは過去の情報の整理なのである。過去の知識の蓄積なのである。しかし、これから紡ぎだそうとする蚕からは、どのような繭糸が生まれてくるかは予想しにくい。ひとつひとつみな蚕ごとに異なっている。性格も、行動様式もみなちがう。企画はそのような蚕を相手にしなければ成立しない。編集者にフットワークがなくなり、好奇心が薄くなり、また生成する現場に怯《ひる》み、書く側がオタク化したとき、企画はただただ薄くて、お寒いものにしかならない。当然だろう。昨今のあってもなくてもよいような本の洪水には、そのような背景があるのではないか。

いうまでもないが、「好奇心を養成しろ」という論理はねじれている。好奇心は養成できるものではない。しかし、無理を承知で編集者は好奇心を奮い起こさなくてはならないと思う。イラクの空爆も、ブローデルの自伝も、村上春樹も、鳥インフルエンザも、ヘーゲルの新訳も、モーニング娘。にも、同時に関心を持つ姿勢がなくてはならない。そのような意識が、新しい、豊かな企画につながるのである。教訓的になってしまったが、いま正直なところ、編集者の現実には憂慮せざるを得ない。

2　企画の三角形

企画をとりまく環境の変化を頭に入れたうえで、企画とはどういうものを指すのか、具体的に見ていこう。

企画にはべつに制限はない。やっていけないことは何もない。本という形につくりあげられて、読者に買ってもらい、読んでもらえるものなら何でもいいのである。図をみてもらいたい。正三角形である。私は企画をこの三角形でいつも判断している。ひとつは価値（インパクト）、もうひとつは売れ行き（採算）、さらにもうひとつは実現性である。

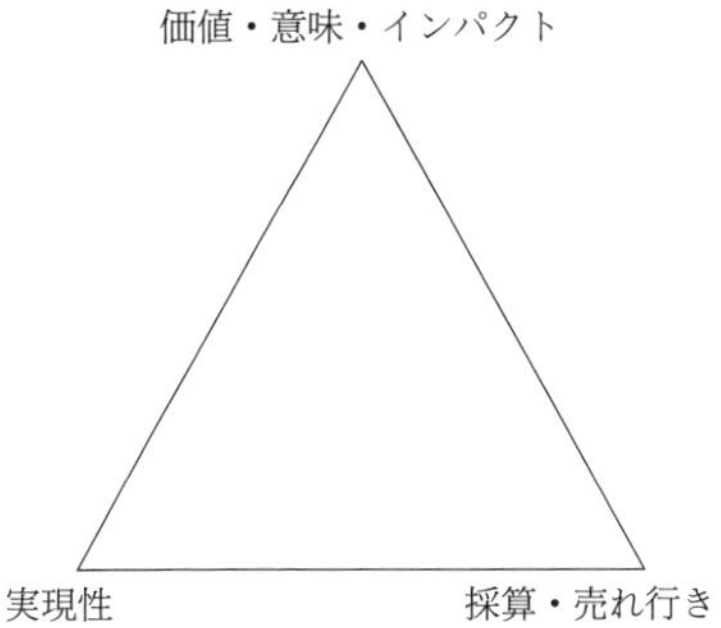

企画の三角形はバランスがとれていて大きいほどよい。

まず意味があるかどうかは、判断の大きな基準であろう。文化的、学術的なことだけをいっているつもりはない。インパクトも価値と同義語である。デリダの新しい著書の翻訳も、横田めぐみさんの母親の手記も価値がある。前者は哲学・思想の成果として話題を呼ぶだろうし、後者は心揺さぶるノンフィクションとして読者の支持をえられるだろう。

二番目に実現性が問われる。これは当たり前のはなしのようだが、私たちはこのことを忘れがちになる。いまでもよく覚えている企画案がある。ある編集会議に提出されたもので、それは昭和天皇の自伝という企画であった。担当者によると宮内庁筋からのはなしという触れこみであった。半信半疑ながら、できるものならこれはすごい（当時、昭和天皇はまだ健在であった）。世界中にも売れる。ベストセラーまちがいない。インパクトも十分だし、価値もある。しかし、残念ながら、まったくのガセネタであった。つまり正三角形のひとつの部分が欠けていた。いくらすばらしい企画でも、実現しなければ単なる妄想で終わる。妄想と企画は紙一重である。妄想を実現してしまえばすばらしい企画になる。紙一重の差は、天地の開きにもなるのである。

三番目は売れ行き、採算である。いくら意味があっても、やはり採算は重視しなくてはならない。もちろん本は市場に出すことによって、初めて売れたり売れなかったりする。たしかにやってみなければ分からないところがある。売れないと思っていたものが、ベストセラーになったりすることもある。しかし、編集者は少なくとも事前に、自分の企画がどの程度の読者を獲得できるか、予想はしなくてはいけないだろう。

原稿があって、本にすることが社会に対して意味があったとしても、一定の量の読者が期待できない企画はやはりむずかしい。出版社は文化産業ではあるが、文化事業ではない。関わっているひとりひとりが暮らしていかねばならないからだ。出版社も組織を維持し、持続していかなければならない。そのとき採算は根幹にかかわる。採算を無視し、猪突猛進したという名編集者の回顧をときおり見かける。もしその通りであれば、それは名編集者ではない。編集者は口に出さなくても、顔に出さなくても、必ず採算をどこかで計っているものだ。もしそうでなければ名編集者とはいえない。私はそう信じている。

もちろん採算を無視して作る、作らねばならない、といった言葉を吐くことはよくある。しかしこれは、往々にしてパフォーマンスであることが多い。編集者のことばを簡単に信じてはいけない。どこか腹黒いところがあるはずだ。そういう商売なのだ。きれいごとだけで編集はやっていけないのである。もちろん赤字になる本もある。しかしここで赤字でも、この著者といま仕事をしておけば、いずれトータルにおいて帳尻は合う、といった計算が働いていないはずがない。採算というのはそのような意味もふくんでいる。短期、中期、長期、さまざまな観点があるにしても、トータルでの採算を忘れてはならない。

正三角形が大きければ大きいほど、企画は優れていることになる。意味があって、売れそうで、かつ実現が早い。そうなれば問題はないのであるが、実際はそんなことは、生涯に一、二度もない。どこかが膨らめば、どこかが縮小する。

少し経験を積むと、次のような企画にもよく出会う。持ち込み原稿である。新宗教の団体、政治家などからが多い。この原稿を刊行してくれたら何万部は引き取ります、といった類のはなしである。原稿もある、売れ行きも保証されている。うまいはなしかもしれない。しかし、意味・価値はまったくない。むしろその出版社の信用に関わってくる。単独企画としての採算性はいいのだが、将来に得られるものを、そのために失ってしまう危険性を持っている。

3 分類してみると

企画はさまざまな尺度・観点から考えられる。具体的にアトランダムに挙げてみよう。

①時代を読む企画

たとえば田中康夫、道路公団の民営化、空爆以後のイラク、ネオコン、SARS（喉元すぎればという感じで、二〇〇三年秋にはみんなの関心は薄くなってしまった）といった企画だ。これらはタイムリーに刊行されれば読者はつく。しかしタイミングがむずかしい。事件が終われば、関心はあっという間に消失するからだ。書店のビジネスコーナーにいけば、経済・景気についての書物が、どれほど出版され、どれほど早く消えているか、よく分かるだろう。

②潜在的欲望企画

お金（株などの投資）、出世（権威・権力）、色気という、人間が生来抱えている欲望に向けた企画。いつの時代にも一定の読者がいる。

③ベイシックなもの

英会話、病気、老い、料理、論語、漢詩、俳句、三国志といったようなテーマはつねに古くて新しい。読者が代わり、著者が代われば、新しい企画が生まれる。これは②と似ている。

④新しいもの

日本人はいまだに新しい未知なものに関心を強く示す。西欧の現代思想などはその最たるものだ。カルチュラル・スタディーズとか、アポトーシス、アントニオ・ネグリといった欧米から流れてくる新しいことばや人名に弱い。

⑤翻訳

近年のベストセラーのほとんどが翻訳ものである。『ハリー・ポッター』シリーズ（静山社）をはじめとして、『チーズはどこへ消えた？』（扶桑社）、『金持ち父さん貧乏父さん』（筑摩書房）といった具合である。これらはすでに原稿（もちろん原文）がある。ただそこには、版権を取得するために支払うアドバンス（前払い金）が存在する。評判の高いものには、相当のアドバンスをつまなければ版権を獲得できないのである。また向こうで話題になったからといって、日本で評判になるかどうかはわからない。当然その逆もある。

⑥タレントもの

木村拓哉『開放区』（集英社）が、二〇〇三年前半期のヒットチャートを走っていた。歌手、俳優、政治家、経営者の自伝とかエッセイはつねに世の耳目を惹く。「読書人」を自任する人たちは、そういう本をバカにしがちであるが、世間の関心はつねに高い。黒柳徹子『窓ぎわのトットちゃん』（講談社）もタレント本であった。

⑦ハウ・ツーもの

②や③とも似ているが、この分野は奥が深い。整理法から、文章の書き方、語学から趣味・実用まで幅も広い。とりわけ高齢社会になり、必要度がより高くなった。私の知っている例でいうと、『水彩画プロの裏ワザ』(講談社)というハウ・ツー書に関わったことがある。地味な本で、ロングで売れてくれればいいのでは、ということで、初版五〇〇〇部、本体価格二〇〇〇円で刊行した。ところが何の宣伝もしないのに、売れ足が速い。べつに店頭の中央に置いてあるわけでもない。首をひねっているうちに次々と重版がかかる。新聞で宣伝する。また売れる。とうとう二〇万部を超えてしまった。まだまだ売れるだろう。読者カードの分析によれば、読者には企業をリタイアした男性が多く、むかしからやってみたかったというのだ。これなどは偶然の結果だが、ハウ・ツー書には、まだまだ可能性はたくさんある。

⑧社会への警鐘

慰安婦問題だったり、エイズ訴訟、原発、ハンセン病問題だったりする。①の時代を読む企画と重なるが、より社会性がつよい。イデオロギーが絡んだりする。党派性が露出することも少なくない。市民運動・社会運動と関係する。残留農薬やダイオキシン問題などは、多くの読者の関心を呼んだ。

⑨学問

研究書や全集、講座といった専門書のほかに、啓蒙・教養に傾斜した新書・選書なども含んでいいだろう。文化系・理科系を問わず、書籍分野のなかで大きな領域を占めている。

⑩写真・絵画など図版もの

自然の驚異から動物やヌード写真集、さらには考古学の埋蔵品から現代アートまで、これもじつに範囲が広い。

他にもまだまだ挙げることはできるが、このへんにしておこう。再度確認したいことは、企画を制限するものは何もないということである。何をやってもかまわない。ただそれに価値があるのか、採算がとれるのか（読者がいるのか）、そしていつごろ実現できるか、それさえはっきりしていればいいのだ。だから街を歩いていても、TVを見ていても、他人のはなしを聞いていても、ひらめけばすべては企画につながる。「それ、おもしろいね」という軽いノリも必要なのであろう。

4　問題をつくる能力

企画の発想力と問題を解く能力とは異なるものである。企画の発想には、むしろ問題を作る能力の方が試される。社会や人間や時代が漠然といだいていて、いまだかたちになっていない関心、欲求を問題化する。それが企画なのだ。いい問題とは何か。全員が一〇〇点をとれるようではテストにならない。逆に、全員が零点だったり、解答不能であったら、それもまた優れた問題とはいいにくいだろう。問題に挑戦してみよう、あるいはそれを鮮やかに解いてやろうという気にさせねばならない。企画を立てる場合の大事な前提である。具体的にどういうワザがあるのか、実践的に考えてみよう。

●変形・ひねり・加工

まず練習として、新聞記事を例にとって企画を発想してみよう。さまざまな事件や報告、政治・経済・社会の変化、あるいはスポーツ、健康、人生、トレンドの解説、広告・宣伝から死亡告知まで、新聞にはぎっしりと情報がつまっている。しかし、新聞というメディアにも限界がある。もっとも大きいのは分量の限界である。膨大なニュースを日々掲載しなくてはならないので、ひとつひとつにスペースを割くわけにはいかない。本の企画が、そこから生まれることがある。

二〇〇三年前半の大きな話題は、台湾、香港、中国を中心に広がったＳＡＲＳであろう。新しい感染症の恐怖がクローズアップされ、人々の関心を呼んでいる。企画としてＳＡＲＳは成立するだろうか。すぐ書いてもらい、ＳＡＲＳ騒動が鎮静化しないうちに刊行できれば企画として成立するだろう。問題は著者である。感染症の専門家で、ＳＡＲＳにくわしく、しかもすぐに書いてくれる人がいるだろうか。すでに述べた正三角形の実現性のところが、当然のこととしてひっかかってくる。早く刊行しなければ、タイミングを逸する。先にふれた「時代を読む本」のむずかしさである。多くの新聞に登場している山内一也東大名誉教授はどうだろうか。これは誰しも考える。どんな人なのか調べてみる。このようなとき、インターネットは便利である。どうやら感染症の権威らしい。狂牛病などについてもよく新聞にコメントを求められている。

タイトルは『ＳＡＲＳ（重症急性呼吸器症候群）』、著者は山内一也東大名誉教授。たしかにこれで一本の企画になる。ただ、これではあまりにもストレートすぎる。誰でも考えそうである。もしかしたら、他社がすでに依頼しているかもしれない。断られれば、そこでこの企画は終わる。山内一也名誉教授以外の著者を探すのも、ひねり方のひとつである。お弟子さん、新聞記者、ほかに厚生省の担当者では書けないか、といったふうに発想を展開してゆくのだ。台湾、香港に著者はいないだろうか。これも発想のひとつだ。

黄熱病、コレラ、梅毒といった、人類の『感染症の歴史』にはなしをシフトしたらどうか。歴史読み物に変える手があるのではないか。これもＳＡＲＳから発生する考え方なのである。さらには各国の防疫体制を比較・検証するのはどうだろうか。あるいは今回、蔓延している状態を隠蔽した中国の官僚体制の腐敗ぶりを徹底的に叩く本はできないか。さらには壊滅状態になっている海外旅行に関して、安全に旅するためのハンドブックのようなものはできないだろうか、というように、ＳＡＲＳから次々と発想を拡げていくのである。もちろん大半が、企画としてものにはならないかもしれない。いわゆるボツ企画だ。しかし発想というのは、ただボンヤリしていても生まれない。何かを核にし、そこから転がしてゆく以外に方法はない。

変形し、ひねり、加工するということは、そのような思考のプロセスを意味する。新聞の下段に死亡記事が出ている。もし心筋梗塞による死亡が何人もつづいているようだったら、その病名も企画のひとつになる。心筋梗塞の予防策はないか、それも企画になる。心臓によい食事レシピ、これも企画になるかもしれない。

企画は流れる川のようなもので、動かしていかないと死んでしまう。ひとつだけに固執してはいけない。その次は心筋梗塞から生還した著名人の記録はないかといったふうに、もともとのものから離れ、テーマが自動展開していってもいいのである。自分の頭のなかでのブレーンストーミングなのである。そこに編集会議が加わる。そうして他人との異種格闘技になる。編集会議についてはあとで詳しく考えてみたい。

●極大化・極小化・系列化・限定

私たちはつねに何かを読んでいる。新聞、雑誌、エッセイ、論文などなど、読みながら感心したり、はっとしたりすることがあるだろう。気になることもあるだろう。それは企画の可能性を意味している。気になった部分をふくらましたらどうだろうか。名づけていえば、極大化の発想である。

企画の一例を挙げてみよう。桜井哲夫著『ことばを失った若者たち』（講談社現代新書）を作ったときのことである。たしか毎日新聞にのった短いエッセイがきっかけだった。筆者は若者のことば感覚に触れていた。もう内容は忘れてしまったが、そのときとてもおもしろく感じた。

執筆者をまず調べた。『知識人の運命』（三一書房）といううけっこうむずかしい著作があった。そこでは広島大学講師という肩書きであった。なんとか連絡をとってみると、東京経済大学に変わっていたので、三鷹あたりで会いましょうということになった。そのエッセイに眼を留め、会いたいと申し出たのは、編集者では私が最初だった。他社はおそらく、そこから一冊できるとは思わなかったのだろう。たしかにエッセイの材料だけで新書になるかどうか不安だったが、お目にかかってみれば、まだ学生といっても通るくらいの若さで、若者の現実、風俗からことばまで、とても詳しかった。近代の若者像や、戦後の青春からどう変化してきたか、というふうに広がっていった。専攻は社会学で、フーコーなどを読みこんでいた。漫画や現代小説などにも造詣が深いということもよく分かった。これは新聞の短いエッセイを拡張することによって本ができた実例である。

反対もある。紀要や論文の、ある部分だけを独立させたらどうかという発想もある。例えば近代天皇制の研究はたくさんある。しかし、多くは総論的に描かれてしまう。光格という江戸後期の特筆すべき天皇に焦点をあてた藤田覚『幕末の天皇』（選書メチエ）などは、その例かもしれない。明治天皇の祖父である光格天皇と幕府との闘争に、むしろ近代天皇制の本質があるというのである。たいへんな力作で話題になった。テーマを絞ることによって、本質がはっきり浮かんでくることも多い。狭くても深い場合、一冊になる。ワンテーマ主義ということに近いのだろう。

あるとき思いついたことがあった。西欧の名言・警句などは聖書に起源を持つものが多い。しかしふつうは、出典をなかなか調べられない。私たちにそのような教養がなくなってきていることもある。名句・名言などを多く収録する本を作ったなら便利ではないか。そこではじめたのが、「名句・名言」シリーズである。『聖書の名句・名言』（講談社現代新書）を皮切りに、次々と素材を変えて刊行した。

この発想は便利だ。あるとき、マスコミが叩いた不祥事を背景にして、『大蔵省』（講談社現代新書）という企画が提案された。これを横に拡げ、思い切って巨大組織ものをやってみたらといって実現したのが、最高裁判所、日本銀行、アメリカ大統領、ソ連共産党書記長などである。つまり内・外に伸ばしていくのである。ハプスブルク家が出たら、ブルボン家、ロスチャイルド家も一緒に発想しないといけない。すべてが企画になるかどうかはわからないが、発想というものはそうしないと生産的ではない。「系列化」とはとりあえずのネーミングだが、このようなことは現場からの経験知なのである。

限定という考え方も有力である。読者を先に限定してしまうのである。例えば、『高校生のための哲学入門』（筑摩書房）という話題作があった。対象がはっきりしている。たしかに高校生しか手にとらないかもしれないが、メッセージは直截で明快だ。高校生の一定の層が読んでくれれば、その企画は大成功である。これは読者年齢の限定であるが、その対象が地域だったり、性別だったり、所得のクラスでも成立しうる。

すでに触れたように、本には汎用性がない。そもそも限定されているものなのだ。だれでも読めるというのは、だれも読まないのと同じことである。限定は本の持っている本質かもしれないが、さらに狭くすることにより、読み手の欲望をストレートに本につなげるのである。『東京女子高制服図鑑』(弓立社)というのもあった。じつはいま思いついたのだが、『小学生の料理教室』など、あってもいい企画ではないだろうか。いずれも限定することにより、企画に新鮮さが生まれるという実例である。

この場合、ひとつ条件がある。企画するほうが、読者の立場にたてるかどうかがポイントなのだ。おのれを無にして読者になりきり、自分をゼロにできないと、「限定」はむずかしい。多くを狙わず、はっきりとした対象に錘《おもり》を下ろすのである。

●まとめる

まとめてしまうというスタイルもあるだろう。アンソロジーであったり、作品集であったりする。そのひとつに、作品社のエッセイのコレクション(「日本の名随筆」)がある。「釣り」「船」「野球」「酒」といったテーマのもとに、さまざまなエッセイを収録し、それを一冊にまとめているものだ。書き下ろしではない。過去の作品を多く集め、編みなおす企画である。集め、編む。編集の語源どおりの、盲点をついたうまい企画だといえるだろう。なるほどこのようなやり方もあるかと感心した。おそらく『日本随筆大成』(吉川弘文館)にヒントを得ているのだろう。

私の同僚が、新書の企画で『昭和万葉集』というプランを出したことがある。そのとき編集長は新書という枠を取り払った。その企画は全二〇巻の大企画『昭和万葉集』（講談社）となり、完成した後、菊池寛賞を受賞した。このように拡大しつつ、大きくまとめることが必要な場合もある。もし新書でやっていたら、収録作品も少ないので、反響も小さく、成功しなかったのではないだろうか。

●人材発掘という企画

いくら企画がよくても、誰かが書いてくれないと、じつはまったく意味がない。企画を文章に転換できる人がみつかって、初めて企画は成立するのである。ということは、書ける人材を見つけることも、企画発想の一部といっても過言ではない。逆にこのようなこともある。著者とのつきあいが深まると、ときには著者の方からこういうことをやりたい、書きたいという申し出がある。優れた著者だと、お任せしたままで、狙いも内容も申し分のない原稿が上がってくることすらある。ありがたいことである。日ごろのつきあいがものをいうのである。しかし、そのようなことは多くはない。

板坂元さんの多くの新書は先生のアイディアがほとんどではなかったか。そのほか、次のようなこともある。宮脇俊三さんが紹介してくれたのが井上太郎さんの『わが友モーツァルト』（講談社現代新書）である。名編集者の宮脇さんが実際に読まれて、いいものだと太鼓判をおしてくれた。たしか中央公論社時代の友人である。そのあとの井上さんの活躍はいうまでもない（気をつけなくてはいけないのは、まったく逆の場合があるということである。太鼓判の原稿が箸にも棒にもかからないということも少なくない）。

ものを書くのは楽ではない。手紙は書けても、四〇〇字詰め三〇〇枚も四〇〇枚も書くのは大変なことだ。大学でも文章を書く訓練はしていない。執筆者がたりないことはいうまでもない。文章の上手な、生産力のある著者に依頼が殺到するのも仕方がない。

近年、書かずに「語り下ろし」というような本が多くなった。しゃべったものを他の人にリライトさせるのである。かつてはタレントとか、政治家、経営者といった、書くことが専門でない執筆者の場合に、その手法がとられた。これはやむを得ない場合である。はなしをテープにとり、それを原稿におこし、構成・整理して一冊の本にする。いかにも本人が書いたように見える。ゴーストライターという覆面著者が代筆するやり方もある。

しかし、これは出版物のなかでは例外であり、著者はみずからの手によって原稿用紙のマス目を一文字ずつ埋めることが原則であろう（いまならパソコンのキーボードを叩くことになる）。ところが近年、この語り下ろしに、抵抗がなくなってしまった。イージーなやり方で私は好きではないが、容易に本ができる。語り下ろし本が多くなるのも分からないわけではない。しかし、本人の文章ではないので文体には個性がなくなる（読みやすいが、フラットになりがちである）。中身に味がなくなる。最近は書くことが専門の作家や大学の先生までが、語り下ろしに手を染めている。また、一所懸命にその著者が書いた本なのか、お手軽に作られた本なのか、そういったちがいの選別力が読者になくなっている。望ましい傾向とは思えないが、これからも語り下ろし的な本が増えていくにちがいない。困ったことだ。ややはなしが逸れた。元に戻す。

書ける人材を発掘すること、それにつきるのだが、いうほどに簡単ではない。かつてテレビ界から井上ひさし、野坂昭如、永六輔、小林信彦などが小説に転じ、直木賞など多くの賞を獲得したことはよく知られている。それぞれがまったくの素人ではない。しかも書くことに抵抗がない。よいところに眼をつけたわけである。

最近では元NHKアナウンサーの池上彰が、つぎつぎにニュース解説本を刊行している。もともと子どもニュースのキャスターであり、やさしく解説するのが仕事であった。初めてそういう人に、大人のための一冊を依頼した編集者は、慧眼の持ち主である。あるいは大前研一という評論家がいる。彼の本職はコンサルタント会社の経営者である。あるいは堺屋太一は官僚であった。このように、異業種に才能の隠れている場合が少なくない。

行商のかたわら好きな発掘を続け、日本における旧石器の存在をはじめて明らかにした相沢忠洋という民間考古学者がいた。『岩宿の発見』（講談社）という本は有名である。彼は、はじめこそ口述筆記によって本を作り上げた。しかし、他人の手を借りたのはその一冊だけだったそうである。みずから学習して、文章を書く要領を覚えてしまったからである。才能もあろうが、執筆者自身の努力の賜物なのであろう。

私が知っている最近の例でいえば、直木賞作家の出久根達郎さんがいる。たしか阿佐ヶ谷の古本屋さんであった。その人に小説を頼んだ編集者がいた。結果として大成功であった（私もお店にお訪ねしたことがある。小説家になる前だった。古書についての新書を頼んだのだが、結局小説の魅力に負けてしまい実現しなかった）。その後は小説に随筆にと、八面六臂の活躍である。冒頭にも述べたが、宮崎学などもそのひとりであろう。つきあいがあったとしても、あのようなすさまじい経歴を抱えていたとは誰も知らなかっただろう。『突破者』（南風社）以後は、あれよあれよという活躍である。

編集者出身の著者も多い。坪内祐三さんもそのひとりである。彼は「東京人」という雑誌の編集に携わっていた。独立してからさまざまなエッセイをものし、本屋の話題から近代文学まで守備範囲が広い。

醸造学専攻で東京農業大学教授の小泉武夫さんも忘れてはいけない。新聞、テレビであの丸いお顔をよく拝見するだろう。私は『酒の話』（講談社現代新書）を、小泉さんがとても若いころに作った。正直いって、まだ文章はあまりこなれていなかった。ところが、いまや読めば食べたくなる、飲みたくなる文章である。その迫力ある個性的な文体に感嘆している。つまり、著者のなかに眠っていた力が、どこかで噴出したのであろう。書いているうちにどんどん上手になる才能はあるものである。古くは寺田寅彦、中谷宇吉郎、いまでいえば養老孟司など、理科系の著者のなかに文章のうまい方もたくさんいる。

●翻訳

いままではすべて、日本にはなしを限っていた。しかし、店頭をみればわかるとおり、翻訳出版は大きな比重を占めている。近年のベストセラーのかなりの部分が翻訳である。すでに触れたが、『ハリー・ポッター』シリーズ（静山社）をはじめ、『チーズはどこへ消えた?』（扶桑社）、『金持ち父さん貧乏父さん』（筑摩書房）、『話を聞かない男、地図が読めない女』（主婦の友社）など枚挙にいとまがない。

日本の著者に執筆をお願いする場合と翻訳とでは、仕事の進め方が違う。翻訳の楽なところは、なんといっても原稿があることだ。たとえ外国語であったとしても、完成している「もの」がある。それを判断すればいい。何もないところから始めるという苦労がない。労力の大半がいらないことになる。一方、まずお金がかかる。版権を買わなければならないからだ。アドバンス（前払い金）が必要になる。原稿の内容、著者のバリューを金額に換算しなくてはならない。海外で話題になったから日本で読まれるとは限らない。当然、逆の場合もあるだろう。『チーズはどこへ消えた?』は、どこも版権を買わず、どうも残り物だったらしい。アドバンスがとても安かったということを聞いた。逆もあるだろう。高いお金を払ったが、まったく売れなかったという方が、じつは多いようだ。

最近は間に入るエージェントのオークションにより、アドバンスが高騰している。さらに原稿の影もかたちもないのに、リリース情報とか目次だけで、入札が行われている例がある。もちろん名のある著者に限るのであるが、ギャンブル性がより高くなっている。翻訳における編集者の感性には、どうも別のものが必要なのであろう。語学が得意でないこともあって、私は翻訳物をあまり手がけたことがない。苦手のひとつである。

5　編集会議という整流器

企画はもちろん個人の脳から発する。それ以外にない。しかし、個人の発想にはやはり限界がある。誰かがどこかで、企画を修正、研磨する必要が出てくる。それが編集会議なのである。原石を研磨して企画にまで高める機能といってもいいだろう（次頁の図参照）。つまり、さまざまの企画案が編集会議に流れ込んでくるが、それを濾過し、ブラッシュアップして、企画に仕上げるのである。整流器のような働きといってもいいだろう。

編集会議はできるだけ民主的に充分討議されることが必要だが、だからといって企画は多数決によって決定されるというものではない。企画は本来個性的なものであるべきだし、数によって決定したり、平均的、最大公約数的に決定されるべきものではないと思う。時に社長、編集代表によって専決されることも、こと企画に関しては必要でもある。手続きはでき

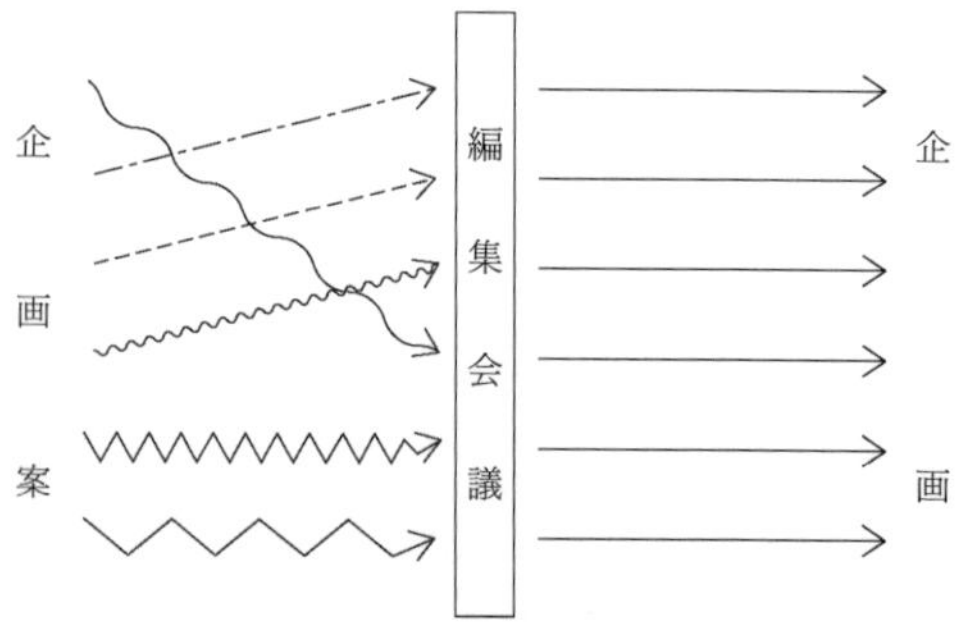

編集会議は個人の発想を修正、研磨する整流器であり、また闘争の場でもある。

るだけ民主的になされるべきだが、最終的には〈民主的独裁〉によって決断することも必要だと私は考える。編集者一人一人の経験も力量も同じではないのだから、力あるものの意見が最終的に尊重されるしくみは、出版が個性的なものを重視することを考えれば、それも必要だと思う（西谷能雄『出版を考える』未來社）。

書籍の編集会議についての、ごく一般的な見解といってよい。規模によってちがうが、私の場合、社長、編集代表などからの提案はなかった。あっても義理がからんだ持ち込み原稿で、丁重にお断りすることが多かった。西谷のいっている〈民主的独裁〉は、ことばでいうのは簡単だが、実践するのはなかなかむずかしい。編集長を経験したものでなければわかりにくい。

前に述べたように、編集長は自分なりの正三角形をもっていなければならない。提案者は自分の企画のよいところだけを見ている場合が多い。著者にほれ込んだり、あるいは企画の可能性にのめり込んだりしている。それを現実の場に下ろし、冷静に検討しなければならない。果たして一定期間のなかでできるものなのか。採算は合うのか。あるいは刊行する価値が本当にあるのか。

できあがりの予測もしなくてはいけない（往々にして企画案段階のときはおもしろかったのだが、できあがってみると、無残な結果に終わっている場合があるものだ）。

提案者の熱意も大事な条件である。しかし、熱意だけで突破するのはむずかしい。説明の際、説得力の有無が問われるだろう。編集長をはじめとして、編集会議の仲間に、「これはおもしろそうだ、やる価値がありそうだ」などと思わせなければならない。仲間すら頷《うなず》かせられないならば、著者の説得などはとうていできないだろう。

同じようなプランがAさんでは通り、Bさんでは不採用になる場合がある。いうまでもなく、説明する能力の差があるだろう。それだけではない。編集長は編集部員の過去の実績がいつも頭に入っている。Aさんならばうまくやるだろう。しかし、Bさんだと、結局できのよくないものしか作れないのではないか、といった判断が働くのである。たとえば、この分野はあいつが強いといわれるような得意領域をもっていることも、企画を通すためのひとつの大きな説得材料である。ということは、過去の実績がものをいうのである。優秀な編集者はそれゆえ、さらにプランが通りやすくなる。

先に編集会議には整流器の役割があるといった。それはどのようなことをいうのだろうか。企画が出る。趣旨説明のあと、議論が始まる。すでに述べたように、その企画に、少しでも見るべきものがあれば、ひねったり、変形したりして、企画を練るということが行われる。著者を代えてみたら？　読者年齢を下げたら？　狙いを変えたら？　といった意見の応酬がある。それらをスムーズに進行させる能力も、編集長は持っていなければならない。

私の経験にこんなことがあった。大学を卒業して社会に出ていくことに、みな不安を持っている。そのような読者に、企業で働くとはどういうことかを教える本がいるのではないか。趣旨はそんなようなものだった。著者は、ある大学の就職課長が想定されていた。侃々諤々《かんかんがくがく》、みな体験者だから議論はさかんになる。このようなものが必要だということは一致した。しかし、実用性が強すぎると就職説明会のパンフレットみたいになってしまう。人生論的にしたらどうか。

そのころ「年齢七掛説」がささやかれていた。つまり、いまの二二歳はむかしでいえば、一五、六歳にしかならない。かなり幼いと思った方がいい。吉野源三郎『君たちはどう生きるか』(岩波文庫)のようなものができないか、というふうにはなしが進んだ。作家の黒井千次さんはどうか、といったのは私だったか、それとも部員のだれだったか、もう判然としない。黒井さんは、大学を出て自動車会社に就職した体験をもとに小説を書いている。やってくれるかどうかわからないが、お願いしてみたらということになった。それが黒井千次『働くということ』(講談社現代新書)である。

目録の解説にはこう書かれている。「人は何のために働くのか。何をやりたいのか。何かをなしとげた時に味わう手応え、自己実現への欲求こそ、労働の本質である。会社勤め十五年の体験をふりかえり、働くことの意味と意義を考える」。いまだにその本は版を重ねている。

整流器というのはこのような場合をいうのである。企画は個人のものである。ただ個人には当然限界がある。いろいろな他人のアイディアを加味することによって、案は練られ、成型化される。すっきりとしたかたちになり、対象読者が明確化され、企画案が一本として立ち上がるのである。その場合、編集部全員が白紙でものを見られなければならない。読者の眼、素人のレベルをどこかに持っていなければならない。また自分の知識や経験をその場で出し惜しみすることがあってはならない。もちろん企画は個人に属しているが、結局、まわりの協力によって支えられている。編集部員相互のギブ・アンド・テイクが行われているとき、おそらくその部署は活気があるのだろう。自分ひとりの単独行動で仕事ができると思わない方がよい。

集団のなかで企画を磨くにも、ひとりのプランの良し・悪しの判断にしても、編集長の手腕は大きい。結局、最後は編集長の責任になるのである。業績が悪ければ更迭もありうることだ。しかし、鬼のような厳しさだけでは、部員がついてきてくれない。そのあたりの按配がひどくむずかしい。

編集者にもいろいろなタイプがある。みずからのプランにこだわり、なかなか引かない人間もいる。駄目だといっても粘る。そのひとりのために苦労し、編集会議がうまくいかなくなることすらある。プランを採択するより、ダメだということをいかに納得させるかに苦労することもまれではない。その意味において編集会議は闘争でもある。議論は平等であるが、最後は編集長権限で裁断することが、それゆえ必要になってくるのである。

6 取材とはどのようなことか

よく若いひとに企画の秘訣をきかれることがある。そんなものはどこにもない。自分の感性・感覚を研磨する以外に方法はない、と答えるのが常である。あらゆることに、全方位にアンテナを張り、勉強する。そこからおのずと企画が出てくるものだ。しかしそうはいっても、と粘られることもある。そのとき私は、次のようにいうことにしている。「企画は模倣からはじまる。まず真似だ」。

これは企画を立てる最大の秘訣だと、私は信じている。「昭和万葉集」の例を挙げた。じつはそのとき気づいていなかったが、先例があった。戦前、改造社から斎藤茂吉、北原白秋、釈迢空らの編集によって「新万葉集」という大企画があった。考えてみれば完全な模倣である。

前にもふれたが、野口悠紀雄『「超」整理法』（中公新書）というベストセラーは、むかしの加藤秀俊『整理学』（中公新書）の新版であろう。このようなことはよくある。円本についてはすでに述べたが、戦後になって筑摩書房が経営危機におちいったとき、臼井吉見という稀代の編集長が乾坤一擲、勝負して社の危機を救ったのが「現代日本文学全集」であった。歴史は繰り返すというが、まさにその通りである。企画は歴史のなかに埋まっている。

清水幾太郎『論文の書き方』（岩波新書）という名著がある。いまの大学生にパソコンでの文章の書き方を教えているのは、小笠原喜康『大学生のためのレポート・論文術』（講談社現代新書）である。

「世界思想全集」（春秋社）という円本のことを先に記述したが、記憶されているだろうか。原典の翻訳という同じスタイルで、一九七〇年頃、「世界の大思想」（河出書房新社）が刊行された。翻訳のレベルは以前にくらべてずっとよくなった。その後「世界の名著」（中央公論社）、「人類の知的遺産」（講談社）が出て、解説・伝記などを充実させた。

私が手がけた「現代思想の冒険者たち」も、その系列にあることはまちがいない。われわれのシリーズでは、もう翻訳ではなく、日本の著者が対象を堂々と論じるまでに進歩している。つまりアイディアが同じでも、企画は別なものになるのである。時代が変わり、読者も、著者も変わる。鶴見俊輔がどこかで、日本はどうも一〇年ごとにくりかえしているといっていた。企画をたてるのに、出版の歴史を知っておいて損はない。

書店店頭に足を運ぶことも、歴史を知ることと並んで大事だと私は思っている。何が平積みになっているのか。ベストセラーだけでなく、棚差しではあるがいつも切れていない定番の本を知ることも大事であろう。雑誌はどんなものがいま話題なのか。あるいは読者はどのような興味で本を選ぶのか。その行動を観察することも、企画立案のために看過できないことだ。

本ができあがったとき、書店のどこに並ぶのかが、想像できなくてはならない。これは編集者が忘れやすいことだ。書店をうろうろすることが大事な理由である。自分の作った本が買われる現場にはなかなか出会えない。そのくらい売れないものなのだ。読者の動きを眺めていると、手にとるが、まえがきなどを一瞥し、すっとまた棚にもどしてしまう。じつに情けない。そんなことの連続なのである。

編集者は他人の力によって仕事をしている存在である。しかし、勉強しないでよいわけがない。感度を磨くためにも、研鑽は忘れてはならない。入社以来、「エコノミスト」を購読している友人がいる。別に、経済が専門というわけではない。むしろその分野は素人かもしれない。彼のことばによれば、異なったものを読みつづけることに意味があるという。社会とつながっているという実感がそこで得られるのであろう。

ともかく毎月、単行本を一〇冊読了することをノルマにしている男を知っている。一〇冊に特別意味はない。忙しいときなど、ページ数の少ない文庫本を月末に何冊も読み上げ、帳尻を合わすこともあるらしい。しかし、そういうことが編集者の勉強なのである。ビジネスマン同士の勉強会に参加している編集者もいる。いつの間にか交友範囲が狭くなってしまうことを防ぐためだろう。読者の関心がどこにあるか、肌で知ることが大切なのである。

編集者に無駄なことはなにもないといっていいだろう。それが鍛えているということなのだ。よく競走馬を評して肌が薄いなどという。ぴりぴりして、いまにも走りだしそうな感じをいうのだろう。編集者も肌が薄くなくてはいけない。つまり感度が研ぎすまされていなければならない。反応が鋭くなるためにも、勉強は不可欠である。念のために付け加えれば、その勉強は受験や試験に受かるためのものではない。ただただ正三角形の大きな本を編集したいためである。

まとめてみれば、現在の出版状況の把握の上に、ひとりひとりがいままでの歴史を知っておくべきなのだ。それらによって日々みずからを武装しておく。すると取材が生きてくる。取材には足を使うことが必須である。不精ではいけない。パソコンも有効だろう。しかし、データは過去のものである。未来に向かって資料が用意されているわけがない。タイムラグもある。できるだけ人に会うことである。「犬も歩けば棒にあたる」ということわざは、編集者にはいまだ生きている。

こんな経験がある。あるとき暇ができたので、書店を回っていた。平日の午後、専門書のコーナーに「歴史学研究」という大判の研究誌が目についた。何の気もなしに、表紙を眺めた。目次が刷られている。たしか「動物裁判と動物園の発生」という論文が載っていた。著者は池上俊一という方で、横浜国立大の非常勤講師であった。ふだんは「歴史学研究」など読まない。偶然であった。その論文を立ち読みしてみるとなかなかおもしろい。さっそく企画化し、依頼し、本になった。いま大活躍の池上俊一の第一作『動物裁判』（講談社現代新書）である。書店を歩いていて初めて遭遇する企画だった。動きまわっているうちにカンのようなものが働くのであろう。

もちろん著者になりそうな人間に多く会うことは当然なのであるが、それ以外に、本や雑誌にくわしい友人（いわゆる活字好き、読書家・愛書家）、新聞記者をふくむマスコミ同業者との関係はとりわけ重要である。自分の知恵・知識などたかがしれている。彼らの「あれはおもしろいよ」という一言は、大きな力を発揮するのである。つまりそれは、自分のまわりに人材のネットワークを築くことなのだ。それができると取材も楽になり、新しい情報も飛び込んでくる。

紀要、学会誌、PR誌などに眼を通すことはいうまでもない。だが、すべてを精読していたら、それだけで時間がなくなってしまう。また編集者は結局、あらゆることに素人なので、その価値を正確に理解できないことが多い。そこで執筆者（専門家）と知り合うことの重要性が出てくる。ポイントを教えてもらうのである。それが効率というものだ。親しくなれば、酒でも酌み交わし、これから活躍できそうな若手有望研究者を紹介してもらうことも多い。「本はまだ書いていないけれど優秀だよ」といわれ、「選書メチエ」などでは早々と依頼していることも少なくない。

このように振り返ってみると、編集という仕事がいかに他人に依存しているか、あらためて驚いてしまう。「人の褌で相撲をとる」ということばを、さらに実感する次第だ。ただ、大事なことがある。このような人間関係は決して一時的であってはならないということだ。持続しないと役に立たない。いま自分中心に記述してきたが、ネットワークの相手方からみたらどうだろうか。情報を提供するばかりでは不愉快になる。一方的に損ばかり生じるならば、関係は切れてしまう。おそらく持続しない。人材のネットワークはギブ・アンド・テイクでないと成立しない。

コミュニケーションというものは平等が大原則なのである。情報のやりとり、先方から求められれば、気持ちよく教える。出し惜しみしない。フェアであることが信用される条件である。つまり情報の融通のしあいがないとうまくいかない。

どこから仕入れるのかわからないが、ベテランの編集者になると、原稿を書くのが早いか遅いか、著者の性格やクセ、酒好きか否か、同僚の評判から家庭生活といった、学問的業績のほかの情報が入ってくる。仕事がスムーズにいくわけである。

5　原稿依頼とプロット

1　引き受けてもらうには

企画が編集会議で通ったあと、次に編集者は何をするのか。依頼である。

事前にはなしが進んでいる場合もあるだろう。またまったく逆に企画優先で、あとで著者を探して、依頼する場合もあるだろう。いずれかによって著者と編集者の関係はだいぶちがうが、ともあれ執筆を引き受けてもらわなくてはならない。それができなければ、せっかくの企画は何の意味ももたず、ことばどおり机上の空論になってしまう。なかには原稿を書きたい方もいるだろう。研究成果を本のかたちで世に問いたい方もいるだろう。しかし、そういう方はそれほど多くない。書かせたいような優れた著者は、みな忙しい。他社からも依頼されているかもしれない。

そもそも、一冊本を書いてどのくらいの収入がありうるものか。これもかなり不確定だ。話がすこしそれるが、本に対する報酬支払いのシステムを紹介しておこう。

日本の場合、著者の収入は価格×部数×印税率で計算される。一〇〇〇円の本を一万部作ったとする。印税率は大体が一〇パーセントであるから、一〇〇万円ということになる（印税は通常、大手出版社の場合、印刷された部数で計算される。一万部が売れようとも、売れずに返品になっても、それは変わらない。しかし、それでは経営がやっていけない中小出版社の場合、実際に売れた部数で支払うところ、あるいは学術出版の場合などは、印税の代わりに本で渡すなど、いろいろなケースがある。欧米の場合は、実際に売れた数だけしか払わない。ただし、印税率は一律でなく、一〇パーセントより高い著者はいくらでもいる）。

その本が四〇〇字詰め三〇〇枚の原稿枚数だとしよう。その印税が一〇〇万円。もし五〇〇〇部なら五〇万円になってしまう（これは通常、口頭の約束でしかなく、依頼時に欧米のような契約は取り交わされない。あいまいだが、それも日本的だ）。

一〇〇万円、五〇万円が高いのか低いのか、人によって判断は異なるかもしれない。私などは、書く苦しさを長年見てきたので、原稿枚数の対価としてはかなり安いと思う。もちろん書店に並び、たくさん売れれば比例して印税が入ってくる。その場合は別である。しかしまあ、多く売れるということは例外的現象だと思っていた方がよい。だから、労力に比して効率のよい仕事とはどうしても思えないのだ。

効率はよくないかもしれない。だが、執筆者はお金だけで動いているわけではない。すでに述べたように、自分の研究成果を世に知らしめたい。あるいは自分の意見を世に問いたい。あるいは本によって時代や社会を動かしたい、啓蒙したい。つまり言い換えれば、書くことは世界への働きかけなのである。報酬が唯一の理由なら、著者はとうてい説得できないだろう。

著者をその気にさせるには、どのようにしたらいいのだろうか。

執筆してほしい著者が見つかったとする。だれでも手紙、電話、FAX、メールなどで連絡をとろうとするにちがいない。初対面の人とコミュニケーションをとるのは、けっこうむずかしいものだ。ともかく原稿を書いてもらおうというのであるが、相手は人間である。それぞれの個性と能力がある。いうまでもなく、著者の代わりが多くいるわけではない。つまり企画と著者はセットになっている場合が多い。なんとか引き受けてもらわねばならない。

私は初めての方には、電話でなく手紙を出すことにしていた。雑誌などは時間の制約があるので、電話やFAXでいいのかもしれない。本の場合、いずれ著者とも時間をかけて話し合わなければならない。そのためには事前に手紙によって、自分という存在を知っていてもらう方が、その後のはなしはスムーズにいくと思うからだ。同じではないかという人もいるが、FAXは簡便という印象を免れない。自己紹介や、なぜその企画をお願いしたいのかといった内容は、手紙の方が礼儀正しく、またうまく説明できるのではないか。

いまはメール全盛で、手紙は少し時代遅れなのではないか、という意見もあるだろう。しかし、手紙には丁寧な印象があり、好感度が高い。字は人柄や性格をよくあらわす。下手でもいい。しかし、きちんと丁寧に書くことだ。誤字はあってはならない。センスもそこから透けて見えるから、よい手紙は説得のための強力な、かつ確実な武器になる。

「手紙の書き方」といったハウ・ツー書は、それこそ山のように刊行されている。それを覗くことは損にならない。拝啓と始め、敬具で終えることはたんなる形式にすぎないが、覚えておいた方が得である。時候の挨拶もパターンなので、身につけておけば手紙は書きやすい。「拝啓」と書き、行を変え、時候の挨拶を入れる。六月ならば、「向暑の候、うっとうしい毎日です。いかがお過ごしでしょうか」と書けば、用件に入れる。「さて」といって、自己紹介に移るのである。

岩波書店では入社五年ぐらいまでは、すべての手紙が先輩によってチェックされたということを聞いたことがある（いまもやっているのだろうか）。真偽はともかく手紙を重要視していた逸話であろう。戦前の講談社の少年社員も書道、手紙、剣道を徹底的に仕込まれた（剣道があるところがいかにも講談社らしい）。

どこの社のなんという者で、お手紙を差し上げるのは、原稿をお願いしたいと思ったからですと書いてしまえば、あとはとても楽になる。お願いしたいテーマ、なぜお願いしたいと思ったのか、そういう本ができたら読者にいかに喜ばれるか、といった編集者としての想いを並べれば、最初の挨拶兼依頼状はほぼ完成するのである。そして大事なことは、そのあとに、是非近々できたらお目にかかりたい、一週間後ぐらいにお電話で、お目にかかる日時などご相談させていただきたい、と一、二行を加える。手紙をもらった著者はおぼろげながらも、相手の意図が手紙から見えてくるだろう。

ささいなことのようだが、手紙は万年筆で書きたいものだ。パソコン全盛で、よく印刷された手紙をもらうことがある。すっきりしているし、見た目はきれいで、支障はないようであるが、どことなくビジネスライクな印象を否めない。手書きには、上手ではなくとも一所懸命書いたという雰囲気が出る。ときおりボールペンで手紙を書く人もいる。特別なきまりはないが、ボールペンはなんとなく雑な感じを受ける。ハガキでは許容されるのかもしれない。堅いことをいっているようだが、封書は万年筆と決めておこう。

手紙を出した後、一週間後に電話をする。いまの人たちは携帯電話の方が多いだろう。携帯電話の相手は決まっている。ときおり聞こえてくる彼らの会話に、「もしもし」がほとんどないのもそのせいである。「〇〇、私」というスタイルが圧倒的だ。携帯電話では相手をまちがえることはないからだ。ところが家庭の電話では、だれが出るかわからない。奥さん（旦那さん）か、お子さんか、それ以外の親族か、初めての電話では特定できない。つまりそこで、「もしもし」をはじめとする挨拶が必要になってくる。

「先般お手紙を差し上げました、〇〇社の××です。先生はご在宅でしょうか」。やりとり次第では、ご本人ではなく、周りの方からブーイングが出てくる。ものいいが失礼だ、がさつだといった印象を与えては、仕事にさしつかえる。バカ丁寧がいいのではなくて、常識にかなった電話がかけられなくてはならない。つまらないことのようだが、そういった第一印象は先々にまで影響する。著者の家族の支持があるのとないのとでは、原稿の進行にかなり差が出てくるのである。

催促のはなしのところでそれをくわしく説明する。

電話で面談の約束をとりつける。例えば○○月××日の午後三時に研究室でということになる。当日までに何を準備しておいたらいいのだろうか。手紙に書いたような企画内容を再確認するほかに、面談する相手が最近執筆した文章に目を通しておくとか、その専門分野での最近の話題などをチェックしておく必要はあるだろう。後述するが、できたら企画の簡単なプロットぐらいは腹案でもっていたい。面談というのはお見合いのようなものでもある。相手が即決してくれることは、それほど多くはない（あまりにも簡単に承諾してくれると、かえって著者の能力に疑問を抱いてしまったりする。編集者という人種はねじれた性格の持ち主なのである）。

大半は煮え切らない返事が返ってくる。「忙しい」が異口同音に出る。編集者は相手の本当の気持ちをそのとき察知できないといけない。「忙しくて、なかなかできないよ」といわれたとたん、「そうですか、まことに残念です、あきらめました」では、依頼にならない。見合いであるので、もしかしたら著者は編集者を測っているのかもしれない。この人とつきあってもいいかな、でもまだはっきりした返事はしないで、様子をみよう。そのような場合も少なくないからだ。熱意・粘り・押し。このような人間性は相手に伝わるものである。一個の人格としての編集者の力が試される。つきあいの原型のようなものが、著者と編集者の間に生じるのである。

一般的に、家族、友人、親戚、同僚、近所というふうに同心円を描きながら、人間関係の親密度は淡くなるだろう。家族はお互いの人間性をまるごと引き受ける一次集団だ。好悪も、体調も、癖も、すべて承知して生活の場を共有している。不思議なことに、編集者は著者に対して、ほとんど家族に近いところに位置する。編集者は著者のわがままぶりをぼやくことが多い。たしかに著者は、家族にも見せない甘えを編集者に見せることがよくある。なぜそうなるのだろうか。

会社とか大学といった、家族から遠い社会集団（組織）のなかで、人は自分のすべてをさらけ出してはいない。たとえば、肩書きといった社会的な衣装をまとって人間関係は営まれている。ところが執筆作業は、そういうものをまとったままでは続かない。人間性を丸出しにせざるを得ないところがある。つまり書くということは全人格的な作業なのである。「裃《かみしも》を脱ぐ」ということばがある。形式的な仮面をとりさって、本音でつきあうという意味だ。編集者と著者の関係もそれに近くなる。そういうものができあがらないと、著者は書き続けるという苦役におそらく耐えられないのではないか。個人的な悩みや秘密まで共有してしまうのは、そのせいである。

であるからして最初の出会いは大事である。一回だけで「見合い」は成立しない。何度か会っているうちに徐々にほぐれていく。男女の仲を想像すればわかるだろう。もちろん熱意・粘り・押しだけですむものではない。説明の論理性、説得力がなくては、著者は首をタテにふらない。この編集者に賭けてみよう、と著者に思わせなくてはならない。

そのようなことを含めて、相性がよくなくてはこまるのだ。著者だって人間である。専門のはなしだけでなく、趣味、食べ物、人事、出世、噂ばなしなどに花を咲かせてみたいこともあるだろう。またときには愚痴のひとつや、悪口をいってみたいこともあるだろう。そのときは相槌をうってもらいたい。そのような役割を担うことも、編集者の仕事なのである。もちろん編集者側にも好悪の感情がある。ひとめ会って、この著者とはつきあえないと思ったら、早めに引き下がった方がよい。相性が悪く、結局泥沼のような関係になることも少なくないからだ。編集者だって人間である。イヤでたまらない著者とは、うまくいかないのが当然である。

はなしが少し先に進みすぎたが、依頼とはそのようなさまざまな要素が予想される、編集者と著者の関係の第一歩なのである。スタートで失敗すれば、すべてがご破算になる。だからよけい大事にしたいのである。

2　設計図はどう作るのか

プロットとは日本語でいえば筋、仕組み、構成で、本になって完成すれば、目次として表現される。骨格であり、設計図であり、ここがあやふやではきちんとした建物はできあがらない。編集者はこのプロット作りにどのように関わるのだろうか。方針が決まらずに書きはじめる人はいない。航海図なくしての船出は危険である。本来そこは著者の役割なのであるが、近年そのプロットをうまく作れない著者がふえている。そのせいもあり、編集者がプロット作りに深く関わるようになった。

最近では原稿をそっくり丸ごと出版社に送ってくるケースはきわめてまれになった。たいていの著者は概要を記したシノプシスや企画書を送るほうを好み、出版社側がそうした形で送ることを要求することもある。企画書には本の主たるテーマ、各章のもう少し詳しい内容、文章量や執筆期間などの実際的な情報が記され、さらに想定される読者に対してその本がどんな魅力を持ち得るかについての説明がかなり大げさに書かれているのが普通だ。概要を明らかにせず打診的な手紙を先に送ってくる著者もいる（ジル・デイヴィス『編集者の仕事』日本エディタースクール出版部）。

「企画提案から原稿獲得までのチェックポイント」というサブタイトルがついている、イギリスの編集論のなかの一節である。彼らの常識では、企画の内容について著者からの提案を検討することが編集者の主たる仕事になっている。このあたりが日本とはかなり異なっている点だ。「たいていの著者」というところを、「たいていの編集者」と改めると、日本の現状に当てはまるだろう。「出版社側がそうした形で送ることを要求することもある」は「著者側」と直した方が現実に近い。つまり日本の場合、プロット作りに編集者が関与することは決して例外的ではない。アメリカもイギリスに近いだろう。日本の特殊性かもしれないが、読みやすさや中身への入りやすさなど、読者サイドに立った本づくりの伝統が、プロットへの編集者の関与を強めているのだろう。

内容の責任は当然著者が負う。ただすでに触れたように、著者側も構造的な発想ができなくなっている。時代がオタク化を推進していることも関係しているだろう。彼らはおもしろく伝えるという技術をなかなか会得してくれない。つまり読者がよく見えていないのである。

知っていることを上手に伝えるのは思ったよりむずかしい。著者をリード（教育・訓練）するのも編集者の仕事のひとつである。せっかくのテーマが、語り口のまずさでおもしろくなくなるのはよくあることだ。その結果本が売れない。本は読まれなければ価値がない。読者に手渡し、読まれることによって、本という商品のサイクルは完結する。だからこそよけい、読者にどのように伝えるかの工夫について、編集者は著者とともに考えなくてはならない。

読者の立場に立つこと。これは口でいうのは簡単だが、実行するのは案外むずかしい。あるテーマをどのように語ると、読者の腑におちるのか。その要点を記してみよう。

最初に考えなくてはいけないのは導入である。読もうとしてつまずいたら、購入すらしてくれない。ともかく読者を引き込まなければならない。エピソードなどを織り込みながら、興味を喚起しなくてはいけない。著者自身の体験談なども効果のある方法だろう。

読者は本に対して、どこか構えている。それをほぐしてやらなければいけない。すうっと、自然に読みはじめてしまったというような導入が、いちばんよいのである。「ともかく冒頭はやさしく、かつおもしろいことが起こりそうだというふうに書いてください」と、口をすっぱくして注文をつけるのはそのためである。人文書の場合、執筆側は専門家であるが、読む方は素人である。前提すら分からないのがふつうだ。当然のことに、すぐ本論には入れない。つまり充分な準備が必要なのである。

次に、どのようにしたら本の流れに読者が乗れるかを考えてみよう。どのような「物語」を作ることができるか。起承転結といってもいいだろう。場面展開といいかえてもいいかもしれない。たとえば歴史書の場合、読者を引っぱってくれるのは多くは時間の流れである。生成から滅亡まで、時間の推移にしたがって叙述されているので、読み手は安心できる。別な道に迷いこむことがない。たとえ寄り道しても最終目的地に着けるという安心感が、歴史書にはある。ＴＶの時代劇と同じなのである。

しかしすべての本が、時間というツアーコンダクターによって導かれるわけではない。一冊一冊に、それぞれ異なった水先案内人が必要になってくる。それがプロット作りなのである。たまたま手元に今谷明著『籤引き将軍足利義教』（講談社選書メチエ）がある。目次をひらいてみよう。これは歴史書にもかかわらず、時間の推移だけでプロットを作ってはいない。

3　抽籤を再現する

第二章　皇位継承と卜占

1　堀河天皇譲位と軒廊御卜

2　後鳥羽天皇践祚と卜占

3　後鳥羽天皇譲位についての卜占と抽籤

4　四条天皇夭折と抽籤

第三章　神判・卜占・抽籤

1　卜占の世界史

2　神判とはなにか

3　なぜ神判は復活したのか

第四章　義教の〝神裁政治〟

1　義教の治世始まる

2　湯起請による裁判

3　抽籤による政策決定

4　万人恐怖

おわりに　籤がひらく平等性

「はじめに」では、一九八九年の東大総長選挙で、上位二名の決戦投票が同数になり、結局は籤で選出されたエピソードを紹介している。テーマが室町時代のはなしであっても、身近な素材から始めたのは、少しでも読者に親しみを持ってもらおうという努力のあらわれであろう。読者は「へえ、そんなことがあったんだ」という印象を抱き、籤引き将軍という一見なじみのない主題との距離がぐっと近くなったはずだ。そして第一章に入り、本題が展開する。第二章は主題を一転させ、じつはそのような籤引きに近いことが、室町時代に限らず、平安時代後期からいくたびも行われてきたことを記述してゆく。籤引き将軍のルーツに遡ってゆくのである。つまり、足利義教が例外的な存在ではないことを立証してゆく。さらに第三章になると、横に視線を広げる。ギリシャ・ローマからイスラム、中国などの実例にふれる。つまり第二章は時間軸から、第三章は空間軸から、籤引きと王権の問題に迫っているのである。

このように構造的に描かれると、『籤引き将軍足利義教』は偶然のテーマではなく、論ずべき重要な背景をそなえていることがよく分かる。そして再び、第四章は義教にはなしを戻し、その悲劇的最期を詳細に記述する。料理がまずいといって料理人を処刑したりする、嗜虐的な暴君として知られる義教像が、「はじめに」から、第一、二、三章と読み進むにつれ、より興味深く立ち上がってくる。

むかし林屋辰三郎先生（当時、京都大学人文研所長）に原稿をお願いしたことがある。日本の古代から近世まで研究領域の大変広い、マイスターといってもいいような存在だった。あるとき先生に、「よくそのようにお書きになれますね」と聞いたことがある。皮肉のつもりなどまったくなかったが、いまから思えば失礼な質問になる。先生が答えられたことは、コロンブスの卵だった。たとえば、四〇〇字詰め四〇〇枚を一度に書くことはできない。しかし、四〇〇枚を一〇章に分け（一章四〇枚になる）、一章を四節に分ける（一節が一〇枚になる）。そうすると、毎晩一〇枚を目標に書いてゆけば、計算上では四〇日でできることになる。つまり、分割すればいずれできあがるというのだ。なるほどと思った。長編ではなく、一〇枚の短編を積み上げていくのである。そのためにも設計図（プロット作り）はより重要になってくる。

一冊の本というのは既知と未知の組み合わせである。既知と未知の差は専門家同士では大事な問題であろう。ところが読者にとっては、それは第一義的関心ではない。むしろ主題をどのようにおもしろく、興味深く伝えてくれるかが大事である。ところが著者は、書いているうちに、構想していたプロットから少しずつはずれてゆく。読者のことをいつの間にか忘れてゆくのである。同業者（専門を同じくしている、いわばライバル）に、どうしても目が向いてしまう。あいつには負けたくないという気分から、未知の問題や、得意領域にスペースを割きがちになる。

編集者がときおり軌道修正に走らざるを得ないのはそのためである。編集者がプロット作成に関与するのもそのためである。任せておくと、どこか内容が専門的になり狭くなる。専門家にとっては既知の事実でも、読者にとってはあらためて記述してもらわなければ分からないことは多い。

　またどうしても、書いているうちに人間臭さが希薄になっていく。表現が冷たくなる。だから著者自身の研究余話や、研究史上のエピソードなどを適度に交えないと、読者は文字を追うのに疲れてしまうのである。私は箸やすめが必要だといつもいっていた。メインディッシュばかり食べていると、その味に飽きてくる。漬物だったり、煮物だったり、舌に変化を与えるものを挟まなければいけない。余話とかエピソードは、メインディッシュ（主題）をおいしく食べるために欠かせない副菜なのである。

　全体を通していえば、思い切って自分のすべてを曝け出してほしい。読者との距離が、それによって近くなるからだ。自分がこのテーマになぜ関心をもったのか。自分はこのテーマによって何が得られたのか。生きてゆく苦しさ、哀しさ、悩みやよろこび、それらを語ることによって、読み手が親しみを感じられる。それが大切である。つまり本は、どこか一人称で語られなければならないところがあるのだ。論文なら客観性が大事で、一人称は不要かもしれない。その差異は、編集者が特に意識していなければならない点だ。

　このようにしてプロットを作ることは、著者とのはじめての共同作業といってもいい。もちろん実際に執筆を始めてみると、なかなか設計図どおりにはいかないものだ。書いているうちにのってきて、思いがけないほど分量が増える箇所もある。逆に、どうしてもうまく書けないところも生じてくる。しかし、プロットがあれば大きくはみ出すことはない。編集者はプロットができると安心する。脱稿（原稿が完成する）までの第一歩をクリアしたことになるからである。

6　催促と読みと修正

1　あるときは鬼、またあるときは……

繰り返し述べていることだが、執筆は苦しい作業である。身を削るほどの労力・時間を使い、ようやく完成するものである。みずからの羽によって織物をつくった鶴女房のようでもある。依頼し、ありがたいことに、執筆を承引していただいた。ではその後、どのようにすればいいのだろうか。ただ待っていれば原稿ができあがってくるだろうか。そんなことは絶対ありえない。著者は機械ではない。催促なしの脱稿という夢のようなことは、一切考えないほうがよい。奇跡でもなければ、催促なしに原稿は完成しない。それが原稿というものである。

依頼したあと、編集者は著者をはげまし、叱咤し、助力し、褒め称え、応援し、騙し、なんとか完成にこぎつける。どんな手段をとっても原稿ができあがるところまでもっていかなくてはならない。そのプロセスは、編集者にとっても時間がかかり、世話のやける作業なのである。しかし、私はその苦労がまたたまらなくおもしろかった。生まれ変わったらどんなことをやりたいかという質問がよくあるが、編集者は生まれ変わってもやってみたい仕事のひとつである。
「鬼のごとき君が催促にせめられてとにもかくにも我は書きたり」。中野重治は、ある文芸編集者にこのような一首をおくった。鬼、編集者は催促のときはたしかに平気で鬼になる。また鬼にならないと原稿はもらえない。やはり中野のエッセイ集からエピソードを紹介しよう。中野の肉親の通夜に編集者がお悔やみに訪れた。ふかぶかと頭をさげ、「このたびはまことにご愁傷さまでした」と挨拶する。中野は「本日はありがとうございました」と礼を返した。そのあとである。編集者が手を出し、「ところでお原稿の方はいかがでしょうか」。しかたなく、中野は通夜の席の物陰で原稿を書いたという。「親が死んでも締め切り」なのである。ものを書くというのはそのくらいきびしいものだ。

プロットでいちおう著者と了解ができている。あとは著者の「がんばり」に期待するのであるが、それでもなかなかスムーズにはいかないものだ。学校の仕事がいそがしくて、やれ病気になった、前の原稿が遅れ気味で……。言い訳はなんとでも立つ。そこを突破するのが編集者の腕である。

編集者はどこか開業医のようなところがある。風邪の患者さんがやってきたとする。Aという患者にはペニシリンを打った方がいいだろう。Bには仕事を休んで寝ていなさい、としかいわない。Cには薬と称して栄養剤をだすだけでいい。同じ風邪に対して処方が全部ちがうのが普通である。著者は患者でもある。

ある著者には様子うかがいのために頻繁に会った方がよい。別な著者は手紙が有効。もうひとりは電話がうれしい。さらに別な著者にはあまりうるさいことをいわない。つまり催促は相手しだいなのである。うるさいことをいわない方がよい著者に、電話や手紙をしつこくすれば気分をそこねる。逆に、面談した方がプレッシャーを与えられるのに、ちっとも連絡しない編集者もいる。いずれも催促がうまくいかない実例である。患者の体質が分かっていない開業医ということになる。栄養剤ですむ患者にペニシリンを与えるのは、かえって逆効果であろう。著者を見る編集者の眼が問われるのである。

近年の医者と同様に、すべて相手を均一的にとらえる編集者が少なくない。どんな風邪でもすべて抗生物質を出すのなら、個別の診察はいらないだろう。パターンというのか、マニュアルとでもいうのか、一種類の対応しかできない。それでは著者とうまくつきあえず、結局原稿を要領よくとることができない。

別ないい方をすれば、編集者は鵜飼のようなものである（著者を鵜あつかいする、失礼きわまりないはなしかもしれない）。どの鵜が魚をとるか。何十本もの綱をひきながら動きを見つめている。この鵜は元気がよく、いま好調だなとか、あの鵜はさぼっているなとか、水面を注意深く見ていなければならない。調子のいい鵜にはより元気になってもらい、スランプの鵜は激励する。あるいは休養してもらい、餌を充分に与える。一本の綱だけに頼っていてはならない。それでは大漁が期待できないからだ。網を何本も持っているからこそ、つぎつぎと魚をとれるのだ。

手紙・ハガキは催促の主要な武器である。電話などとちがい、うるさがれることが少ない。時候の挨拶や近況うかがいだけでなく、テーマや関係の話題など、おりにふれて連絡するのは、催促の手段として欠かしてはいけない。著者にとってうれしいし、また編集者が気にかけてくれていることは励みにもなる。私は月に一回ぐらい催促デーという日を作っていた。二〇人ぐらいの著者にいっせいにハガキを出すのである。まず宛名を書く。冒頭の時候の挨拶はすべて同じ。終わりの締めも同様。間に挟む文章だけが相手によってちがう。作業を合理化したハガキ催促だったが、効果はとてもあった。ハガキをもらうと、著者の方に責務意識がいつの間にか生まれる。書かなければならないという気になるのである。

途中でお目にかかるのは必要な手順である。様子うかがいでもあり、どのくらいの時間でできあがるかの判断のためにも、脱稿まで何度か面談しなくてはならない。あるいは一献交わさなければならないこともある。お酒とか食事を共にすることは、著者と編集者の距離をより近くする。酒を飲めば原稿ができると錯覚する愚か者もいないわけではないが、概して酒、メシは必要な道具であろう。

著者とのはなしも、仕事のことだけならあっという間に終わってしまう。どれほどムダばなしができるかが、じつは大事になる。世間のこと、学界のうわさ、人事、旅、映画。最近の話題作、ベストセラー、なんでもいいのである。リラックスした関係はそのような世間話から生まれる。

著者との信頼感が、そこから獲得できるのではないか。

研究室などを訪問するときは気をつかわなくてもよいが、自宅などでお目にかかる場合は、ささいなことではあるが手土産ぐらいは用意すべきだ。自宅にうかがう場合、私は奥様がよろこぶ手土産をいつも考えていた。というのも、執筆の追い込みになればなるほど、奥様がこちらの味方であるか否かでは天地ほどちがう。日常的に私の代わりに催促してくれることがありうるからである。食卓などで、「鷲尾さんの原稿、早く書いてあげなさいよ」などといってもらえれば、外部に強力な助手を持っていることになる。著者の留守にわざわざ電話して、「くれぐれもよろしく」と奥様にお願いすることもよくやった。「奥様が頼りです」と率直に申し上げることも多かった。「義を見てせざるは勇なきなり」ではないが、奥様が張り切ってくだされば、もう大船にのっているようなものである。原稿が早くあがることまちがいない。

よほど信用できる著者を除き、大半は原稿を一、二章ずつもらうことが普通である。その場合、編集者はすぐ読み、感想を早く伝えるべきである。原稿に問題があれば一日も早く修正しなくてはならない。早く著者に連絡し、次の展開を決めることだ。ぐずぐずしていると著者によけい不安を持たれてしまう。著者が自分の原稿に自信をもっているとはかぎらない。できのよい原稿は、少しオーバーなぐらいに褒めることを薦めたい（原稿がよいときなど、もらったその日のうちに感想を伝えればさらに効果的だ）。孤立無援の気分にいる著者は、編集者のひとことが身体の芯にしみこむ。自信がないときに褒められると、まるで因幡の白兎があたたかい綿毛で包まれたような感じになるものである。

なかなか著者が脱稿できない場合、カンヅメという手段をとることもある。旅館、ホテルといった場所に著者を隔離し、集中的に執筆してもらおうというのである。コストがかかるのでできれば避けたいが、やむを得ない場合もある。特殊な方法であるが、売れっ子の場合、カンヅメでないと書かない方もいる。あまり宿代が高くなく、部屋がゆったりとして、繁華街から離れている場所を探すのも編集者の仕事である。悪いことばでいえば、拘禁状態にしてプレッシャーをかけるのである。

2　第一の読者として

編集者は読者の代表である。第一の読者である。しかし、同時に編集者としての「読み」がなければならない。それはどういうことだろうか。

細部はともかく全体として、本にしていいものかどうかの判断をまず下せることである。「売り」はどこにあるのか。何が特長なのか。企画案の狙いに合致しているか。個別にいえばそのようにに分類できるだろうが、要するに「よい」「悪い」の判断を下すことだ。細部はどのようにでも修正できる。しかし大筋で、これはダメという原稿を受け取ってしまった場合は難題だ。そういうことも決して少なくない。三〇〇〜四〇〇枚という原稿をはじめからやり直すのは、著者にとっては至難のわざである。不可能に近い。先に一、二章ずつ原稿をもらった方がいいといったのは、こういうことがあり得るからである。修正については後述する。

どんなところにチェック・ポイントを置くのであろうか。原稿を読むとき、つぎのようなことはつねに頭のどこかに入れておいた方がよいだろう。

・意味がある。学問的評価に耐え得る。インパクトがある。
・話題性がある。社会からの反響が期待できる。
・長く、ベイシックに読まれる。
・新鮮なテーマ。新しい切り口。新しい発想。
・著者自身が売り物になる。
・長年の労作。貴重な資料の発見。
・文章が優れている。

企画のところで説明した正三角形を思い出してほしい。原稿はできあがっているので、あとは価値（インパクト）があるか、売れるかの二つである。編集者の読みはそこに傾注される。いうまでもなく完璧な原稿などはない。原稿によって評価軸はみなちがう。少々文章が乱暴でも、内容の新鮮さで読者を圧倒する場合もあるだろう。そのとき、文章を修正してつたなさを消し、滑らかにしたら、かえって内容と不釣り合いになってしまう。

いただいた原稿のことを、編集者は「生《なま》原稿」という。生なのである。生のまま刺身で食卓に上げるのがよいのか、それとも酢で締めたほうがいいのか、あるいは焼いたり、煮たりしたほうがいいか、読むというのは、その判断を総合的に下すことなのである。

著者のことも編集者はよく分かっている。人柄から能力まで熟知している。その範囲内で原稿を読むということも忘れてはいけない。初めて書いた新人に、文化功労賞をもらうような文章の味を期待してはいけない。多くの資料を積みあげて長年苦労された篤実の研究者に、切り口の新鮮さを求めてはいけない。これは当然のはなしなのであるが、編集者はときおりそこをまちがえる。とんでもない要求を著者にしてしまうことがある。くりかえしていうが、判断の基準が一冊ごとに異なるのは、著者という存在を編集者だけが把握しているからなのである。ハードルは共通ではない。むずかしいが大事なポイントである。

この著者は学問的評価を優先しよう、この著者は長く使えるベイシックさを「ものさし」にして原稿を読もう、といった方向性ははじめから存在する。編集者の「読み」は、本をどのようなかたちで読者に届けるかという戦略がすでに頭のなかにセットされていてスタートしている。編集という仕事に習熟してくると、細かなところが見えはじめる。いち早く欠点に気づいてしまうのである。そのために長所が見えなくなってしまう。著者に注文をつけたため、かえってその原稿の持つ勢いをなくしてしまうことはよくある。

さきに編集者は開業医であるといった。読みも診察と同じことがいえる。小さな病原菌は除去したかもしれないが、かえって体力をなくしてしまうことだってある。大事なことは患者の側に立って、なにがいちばん適切な治療かを判断することだ。

私の体験を一つ述べてみよう。ある上司に原稿を読んでもらい、判断を仰いだことがある。渡してから一、二カ月もかかった。まだですかと、催促してやっと戻ってきた。付箋がむやみやたらに付いている。「できがよくないのかな。自分の判断ではそれほど悪くなかったのに」と、原稿をチェックしてみた。あきれた。付箋はほとんど「だろう」を「ではないか」にしろといったような、枝葉末節の表現上のことばかりであった。いったいよいのか悪いのか、上司の判断はどこにあるのか、まったく判然としない。「どうなんですか」と、つい声を荒げて追及してしまったことをよく覚えている。「まあまあ」というような、あいまいな返事しか返ってこなかった。つまり彼は細部にしか眼がいかないタイプだったのである。その後、私はその上司には報告するだけで、評価を委ねることはなかった。

驚くほど多くの編集者が、届いた原稿を読まないことも時には（さらに悪い場合はしばしば）ある——読むとしても、ほんの一部しか読まない——と（問いつめられて）白状するのを聞いたら、この業界の内情を知らない人はびっくりするだろう。仕事が忙しすぎるというのが彼らの言い訳だ。同情に訴えるという点では完全に理解できる理由であるが、実際には許されることではない（ジル・デイヴィス『編集者の仕事』日本エディタースクール出版部）。

「原稿を読める」というレベル以下の事態の進行は、イギリスも日本も変わりない。編集者の「読み」の形跡がない本が多すぎる。どんなつまらないものでも、一度は市場に出すのである。責任は発生する。なんとか読者に読んでもらうように修正し、合格点の最低ラインには到達しなくてはならない。編集者の目で読まなければ、その修正すらできないだろう。なぜこんなものが出るのかという本が横行している。自分で自分の首を絞めている。昨今の出版不況の一因に、そのような編集者のレベル低下がないとはいえない。とても残念である。原稿を「読めない」「読まない」編集者の増大は由々しきことである。

・書き出しはうまくいっているか。読者をその本の世界にひっぱれるか。
・読みやすいか。分かったような気分にさせてくれるか。
・エピソードなどが適度に混じり、読者は退屈しないか。
・著者の肉声、素顔が行間からのぞくか。

全体の総合判断の上に、さらに以上のようなポイントをチェックしておきたい。

『走れウサギ』のわいせつ箇所の扱いにおいての、社主ヴィクターと作家アップダイクの対立はよく知られている。

初め快く変更に応じる気でいたアップダイクは態度を硬化させ、断固として譲らず、一方ヴィクターは、他の点はともあれ、二箇所を変更しない限り出版はできないと決めた（シーラ・ホッジズ『ゴランツ書店』晶文社）。

3　原稿修正のむずかしさ

欧米の場合、著者と出版社との間に多くはエージェントが介入する。さらに持ち込み原稿が少なくない。原稿読みの専門家を抱えている出版社も少なくない。企画をたて、催促し、締め切りの契約も曖昧なままにスタートし、原稿の読みから、整理・製作まで、編集者がすべてひとりで担当する日本のシステムは世界で例外的かもしれない。それゆえに修正作業は編集者の日常の仕事のなかで、かなりのパーセンテージを占める。

先輩方の編集論や名編集者の回想録など、人並み以上に読んできたつもりだが、原稿をどのように修正してもらうかという話題は、ほとんど読んだことがない。なぜだろうか。

吉野源三郎『職業としての編集者』（岩波新書）には、「世界」に執筆依頼した津田左右吉の原稿が、吉野の考える雑誌の方針と異なっていたことの苦しさが詳細に記されている。よく分かるむずかしさである。たしかに岐路に立ったときの編集長の決断は、社会から、時代から、あるいは後世から問われる。とりわけイデオロギーとか、社会性の濃い問題、権力の介入があるときの判断は簡単ではない。

もちろんそういう修正の大事さは重々承知しているのだが、当面私が考えているのはもっと素朴な、実務的修正である。つまり出来のよくない原稿をどう直してもらうかという日常レベルのはなしなのである。著者のレベルが低下しているのかもしれない。修正は、日常的に時間をかなり多く割いている編集作業である。

欧米のシステムならば、その原稿は採用しないという決定ですむ。ところが私たちの場合、著者と長く企画・依頼・打ち合わせといった手順をふんでいる。「原稿が思わしくないので刊行できません。ごめんなさい」。これですむだろうか。すでに執筆のプロセスに、編集者はかなり介入してしまっている。もちろん原稿の最終責任は著者にある。しかし、いうまでもないことであるが、編集者の責任がゼロというわけにはいかない。そこが欧米と異なっているところである。

著者に不安を感じたら、原稿を少しずつもらった方がよいことはすでに述べた。それは書きあがったあと、全面的にダメを出し、書き直してもらうのは至難の業だからである。よほど忍耐強い著者でも、原稿を一から再スタートしろといわれれば、だれしも難色を示すだろう。だからつねに連絡をとりあって、少しずつでも修正を重ねておく必要があるのだ。

なかには、できあがったら連絡するからほうっておいてくれ、という著者も稀に存在する。悪ければ、書き直しに応じるというのである。私にもそのような著者がいた。毎年一回連絡がある。原稿ができたので見てほしい。送られてきた原稿を読んでみる。このままではむずかしい。チェックをいれる。そして直接お目にかかり私の意見を申し上げる。分かりました、またやってみますと、原稿を引き取る。それが毎年つづいた。おそらく七、八年かかったであろうか、ようやく完成、刊行した。途中で意見をいわれると、考えが乱れて困るのだそうだが、私にとっては珍しい例である。それにしても編集者の注文をよく聞き、粘り強く脱稿したものだと、感服した。

しかし、やはり全面改稿は難行であるし、多大な労力のみならず、著者との関係もむずかしくしがちである。これは避けなければならない。要するに小幅改稿の積み重ねが大事なのである。それは著者との密接な関係が成立している証拠でもあるからである。

パソコンという存在が、これまでの作業をかなり変えてしまっている。原稿の九割以上が、メールによる添付ファイルである。原稿用紙のマス目を万年筆で埋めるという著者は、稀有な例といっていい。

原稿は画面上で処理する。だから直しも、以前にくらべれば容易になっている。そのせいもあるだろうが、編集者が原稿修正に直接タッチしたり、リライトを買ってでたりすることも多くなっている。原稿は一種の素材にすぎず、著者の了解の上に、適当に直して刊行することも例外で

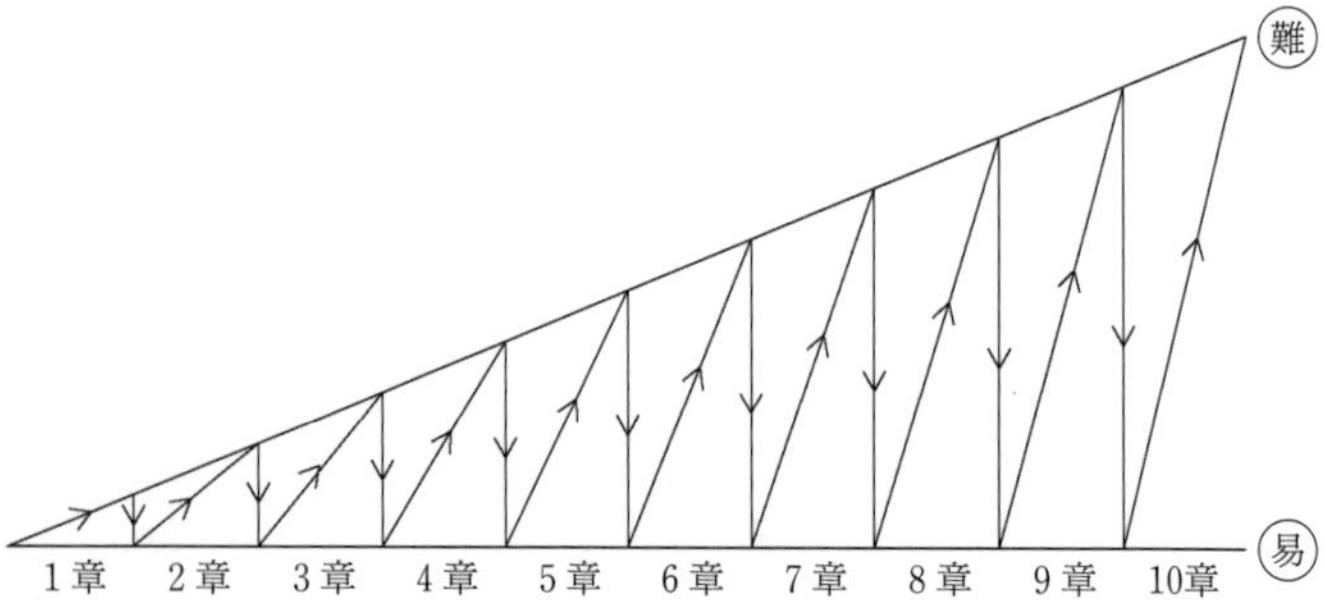

章を改めるたびに易しいところから書きはじめてもらうのがよい。

はなくなっている。「どうぞお任せします」といったプライドのない著者も珍しくない。

本来、修正は著者にくりかえしやってもらうのが原則である。そのためにも、編集者には説得力がなければならない。どのように直してほしいかを、論理的、実践的に説明し、それに対して、著者になるほどと思わせなければならない。それ抜きでは直してもらえない。構成はこれでいいのか、章を入れ替えた方が読みやすくはないか。実際の読者の気持ちに編集者は立たねばならない。

私は著者に、よく次のように注文をつけていた（三角形の連続図を参照）。章を始めるとき、ともかくいちばん下（やさしい、おもしろい）からだんだん坂をのぼっていってほしい。むずかしいところへのぼってもよい。しかし、また次章の冒頭になったら、同じように易しいところから始めてほしい。ともかく出発は「易」、その構造を章においても、また全体においても維持すべきだ。するとかならず読みやすい本になる。

分かる、おもしろいという読後感には、厳密に考えるとけっこう難しい問題がある。少なくとも編集者のやらねばならないことは、まったく分からない、まったくおもしろくないという印象を読者に抱かれないように努力することである。少しでも得をした、役立った、むずかしかったが、これは自分の力の足りないせいだ、と思ってくれるまでに内容を仕上げることである。なんとなく分かったような気になった、あるいは賢くなったような気になった、あるいはいつの間にか読んでしまった、といったことになれば、編集者の仕事としては成功なのである。

「分かった」という読後感を作り出すためには、比喩やたとえ話を駆使するのも有効である。要するにこのように思えばいいのだ、と著者に少々強引にでも説かれると、読者は安心するものである。読者は専門家ではない。読んでいる本は、専門家相手の研究論文ではない。読者のレベルは編集者がきちんと意識すべきものなのだ。

過剰なものを削り、足りないものの補塡をお願いする。いうまでもなく、あくまでも編集者の視点においてである。すでに触れたが、著者はいつの間にか読者を忘れてしまう存在なのである。財布からお金を出して買ってくれる読者より、贈呈する同業者の方に眼が向いてしまうものだ。過剰になってしまうところは、同業ライバルへの競争心がなせる場合が多い。

著者のいいたいこと（主張）と、読者の興味を抱くところが異なることも珍しくない。編集者はその両方がよく見える。著者の言い分も分かる。同時に読者がその本を放り出さないようにしなくてはいけない。バランスをどのようにとるか。編集者の腕が試されるのである。ある章をばっさり落とすなどという提案をすることもある。一度書き上げたものに著者は未練をもちやすい。著者のつらそうな顔を見せられると、こちらも気持ちが萎《な》えるのだが、妥協は禁物である。

長くなってしまう原稿もある。「もし長さが問題なら、著者に何を加えるべきか、あるいは何を削除すべきかを指摘する。とくに長すぎる原稿によって生じる経費増の問題を著者が理解していないようなら、それについて詳しく説明する。削除するのを嫌がるようなら、長さを削るか印税率を下げるかの選択を迫る」（ジル・デイヴィス『編集者の仕事』日本エディタースクール出版部）。契約を盾にした流儀であるが、日本ではこのようにはなかなかできないだろう。あくまでも合意に基づいて進めなければならない。

センテンスの長い原稿も少なくない。基本的に主語＋述語が繰り返される簡潔な文章がのぞましいのだが、接続詞が多くあったり、いつの間にか主語が変わったりする文章も多い。相手しだいであるが、そのようなことは初めに指摘しておいた方がよい。せっかくの内容が文章の拙《つたな》さゆえに評価されなければ、それは編集者の責任と思った方がよい。

テニヲハのおかしな著者もいないわけではない。これは修正というより、いまの教育の問題になるのでこれ以上は触れない。

結局、原稿の修正を中途半端にしたまま刊行するのがいちばんよくない。まあ、仕方がないから出しちゃおう、というセリフは厳禁としたい（私にもなかったわけではない）。結果オーライということにはならないはずである。やはり念には念を入れて修正し、どうしてもダメなものは著者に泣いてもらうか、あるいは小額の原稿料（人によって異なったが、四〇〇字一枚一〇〇〇円程度）によって買い取り、ボツにする以外ないのである。

7 チェックから入稿まで

1 整理に必要な構想力

試行錯誤しながらようやく原稿が完成した。さてこれから机の上の作業をはじめなくてはならない。編集者の実務能力がそこで問われる。どのような衣装で飾り、どのように読者に手渡すか。当初の構想どおりに進めることができそうな原稿なのか、それとも方向を変更した方がいいのか。判断を下さなければならない。企画案どおりなら既定方針でいいのだが、できあがった原稿の想定読者対象の年齢が少し高くなったり、思っていたよりむずかしくなったというのは珍しいことではない。その場合は針路変更しなくてはならない。

・想定読者の年齢、男女、職種（学生、ビジネスマン、主婦など）の判断。
・売れ行きの想定。ロングセラーか、ベストセラー狙いか。

・著者の本への希望、版型、装丁など。
・書店のどこに並ぶのか。

このようなことを考えながら、編集者は原稿を読まなければならない。読み終わったときには、生原稿をどのような本にして書店に並べるかについての、方針・プラン・戦略の大筋ができあがっていることが望ましい。漠然とはしていても、だいたいこんな方向で行こうと決まったところで、実際の整理（原稿手入れ）をはじめねばならないからだ。

パソコンで書かれる原稿はどうしても漢字が多くなる。読みやすさは、誌面を眺めた一瞬の感じと無関係ではない。

ベストセラーの唯一共通している特色は、誌面に白地が多いことだなどと、あたかも大発見のように語った評論家がいた。もちろんたいした発見ではないが、活字がぎっしり詰まっていると、読もうという意欲をどうしても失わせてしまう。それは事実である。漢字とひらがなの比率、あるいは適度の改行が、整理する場合の大事なポイントになるのはそのためでもある。パソコンで打ち出された原稿は印刷物に近い。そのせいで手書きに比べ、編集者が赤字を入れにくい気分になるのだろうか、括弧内の文字を小さくすることなどに労力をかけなくなってしまった。版面をどのように見せるかという配慮や神経の遣い方が足りないように思えるのだが、どうだろうか。

著者はテーマの表現に追われているので、文章表現上の統一感などにはなかなか気が回らない。

くりかえし同じ熟語や言い回しを使ってしまったりする。あるいは著者には文章上の癖もある。あまつさえ誤字・脱字、記憶ちがいすら少なくない。著者も人間である。まちがいがかならずある。それは編集者がチェックしなければならない。

整理とは、生原稿に残っている毛羽立ちを、鉋《かんな》できれいにするような作業である。この工程を丁寧に、かつ適切に進めないと、後の作業に手間がかかることになる。そしてまた、一度スタートしてしまった方針を変更する場合にはコストがかかる。ここからのひとつひとつにすべて費用が関係することは、忘れてはならない。時間とコストに意識が向かないのは編集者として失格である。

原稿枚数によって、また本の体裁、読者対象によって組み方を変える。四六判の単行本であれば一行が四〇字から四五字ぐらいまでだろう。一ページは一四、五行から最大二〇行近く入る(行と行の間、いわゆる行間の調節による)。字数と行数をかけたものが、一ページに入る分量である。おそらく最大詰め込んで、一ページに四五字×二〇行＝九〇〇字ぐらい入る。それを四〇字×一五行に組めば六〇〇字になる。優に一・五倍ちがうことになる。原稿枚数とページ数を、このように字数と行数によって調節するのである。

読者対象の年齢が高い場合、ぎっしり詰めたら読みにくいとクレームがつくだろう。字を大きくし、ゆったりと組めば読者にはいいかもしれないが、ページが増え(紙代、印刷代も増える)、結果として定価が高くなる。定価が高いと、どうしても売れ行きが心配になる。定価が少々高くても、かならず売れるという自信があれば、ゆったり組んだ、眼に優しい誌面を選択するだろう。その兼ねあいが問題で、簡単には解決できないむずかしさがある。このように編集の実務作業は多元方程式を解くようなところがある。条件の一つを変化させれば、すべてが変動してしまう。そして絶対の正解がない。

一枚の紙を四回折り曲げ、三隅を切断すると三二ページの本らしきものができる。本はこのようなものをいくつも重ね、切断しない部分である背中を糊つけし、その他の三方を切断して本というかたちにする。本の単位はだから三二ページなのである（近年は機械の進歩にともない六四ページも可能である）。三二ページを一単位として折《おり》という。六折あれば一九二ページ、七折あれば二二四ページということになる。たとえば二二八ページになってしまうと、四ページ分をわざわざ余分に刷らなくてはならない。その分コストがかかる。三二の倍数のページであれば、手間がかからない。よく単行本の後ろに広告が印刷されているだろう。つまり、きりのよいページにするために（三二の倍数、あるいは一六、最低八の倍数）、広告ページで調節しているのである。編集者はそういったコストをつねに意識していないといけない。ムダは定価にはね返り、結局、読者を逃がす要因にもなるからである。

誤用、まちがい、勘ちがいといった文章上のチェックの際に、差別表現についても充分注意しなければならない。身体差別、民族差別、職業差別、部落差別など、基本的人権を侵すような表現を、不用意にしてしまうことがよくある。本として世に出てしまってから訂正しようとしても、取り返しはつかない。

出版が持っている社会的責任は大きい。携わっている編集者が、だれよりも基本的人権を守っていくのだという意識がなくてはならない。差別表現をよく知りませんでした、ではすまない。同時に、なんでも危険だといって、出版社が自主規制し、すべて言い換えて、臭いものにはふたをするようなこともおかしなはなしだ。日本語のゆたかさが失われてしまう。

むやみやたらに使用禁止を要求する「ことば狩り」のような行き過ぎた運動も、近年は姿を消しつつある。ただ比喩表現などにおいて、人権意識の低さを露呈するような文章に出会うことも、いまだ跡をたたない。著者への教宣活動も含めて、編集者の文章上のチェックは今後もゆるがせにしてはならない。

2　目次と小見出し

ふつう、章、節によって目次ができあがっている（章の上の単位に部があるが、よほどの大著でないとつかわない）。章は節によって構成されている。通常は節が最小単位と考えてよい。

本を読むのは眼の上下運動でもある。ときおり一行飛ばしたりして、意味が分からなくなることがある。眼も疲れるからなのだろう。まして車内とか茶の間などでは、読書を妨げるものが少なくない。改行が適度にほしいというのは、そのような眼の上下運動のためにも必要なのである。

そこで節より小さな単位の小見出し（項）が必要になってくる（節と小見出しの中間の中見出しを使う場合もある。しかし、あまり一般的ではない）。節までは著者の構成に含まれる。ところが小見出しは、著者が考えるのではない。編集者が読者のために挿入するものである。なぜそのようなことをするのだろうか。

ひとつには眼の休息をとり、読みやすい印象をつくるためである。異なった書体（普通はゴシック体）を、文章の切れ目のよいところに挟む（本文は明朝体）。誌面のアクセントにもなる（むかしは二行分文頭載せが多かった。近年は二行取り左寄せ、つまり一行あけるスタイルが普通である）。

小見出しはそういった装飾的側面だけではない。人間の思考能力は高いものがあるが、じつは二、三ページ以上、誌面を眺めつづけていると、誰しもが少し飽きてしまうところがある。書く方も同様である。せいぜい四、五枚（四〇〇字詰め）ほどで、ひとまとまりのはなしになる。それを越すと、またべつの素材が必要になってくるのではないか。さきに、林屋辰三郎さんの手法にふれた。ブロックを積み重ね、長編を構成するという考え方だ。小見出しは、それをもう少し細分化したものと思ってよい。

読み手、書き手の意向が合致して、書き手は思考が転換するところ、読み手は少し眼が疲れ、読むのに飽きる地点に区切りをいれる。これが小見出しということになる。眼を休ませると同時に、いままでとちがうはなしが再びはじまりますよ、という予告といってもよい。編集者が入れるのは、読者のための配慮からスタートしているからであろう。

著者のなかには、自分の文章のリズムを小見出しによって切断されるのを、いやがる方もいる。編集者のつけた小見出しの位置や、ことばに異論を訴える方もいる。当然そのようなこともあるだろう。あくまで、小見出しは読者サイドに立った行為である。そのような場合は著者の意向に沿いながら、かつ読者の読みやすさを考え、少し強引に推し進めていってよい。

小見出しはある程度の長さのところで挿入せざるをえない。だから文章の流れを強引に切断する。しかし、それによって著者の意図とは異なった新たな意味あいが生じることもある。コンテキストが変化するのである。小見出しには編集者と著者の格闘のような側面があるのはそのせいである。義務的、形式的につけているのでは意味がない。小見出しにも創意工夫が試されなければならない。次はどうなるかなと読者をひっぱってゆく機能を、小見出しは担っている。だから前もっての要約であってはならない。どこか気になり、何かがはじまりそうな気分を小見出しで作りたい。小見出しを見ただけで、おもしろそうに感じさせたい。そういう二重三重の意図で小見出しはつけられるのである。

新書、選書などは小見出しを頻繁につける。おそらく見開きにひとつぐらいを原則にしているのではないか。たまたま書棚の隅からE・H・カー著、清水幾太郎訳『歴史とは何か』(岩波新書)が出てきた(初版は一九六二年)。名著の誉れ高い新書である。私たちの世代は必ず読んだ一冊である(小見出しのことで参考にしようと思っているうちに、ついつい読み耽ってしまった)。

翻訳書であるから、原著に小見出しはないだろう。おそらく新書の担当者がつけたものにちがいない。全体は六章である。節はない。章のあとはすべて小見出しで構成されている。まず章タイトルをあげてみよう。

Ⅰ　歴史家と事実
Ⅱ　社会と個人
Ⅲ　歴史と科学と道徳
Ⅳ　歴史における因果関係
Ⅴ　進歩としての歴史
Ⅵ　広がる地平線

おそらく原著のタイトルを大きく変えてはいないはずだ。堂々としている。形式的でむずかしそうで、読者はなかなか触手が動かないかもしれない。そこで小見出しが登場するのだ（節がないので目次にも小見出しは記載されている）。

いちばん工夫されている「Ⅳ　歴史における因果関係」の小見出しを拾ってみよう。「歴史の研究は原因の研究／原因の多様化と単純化／ポッパーとバーリン／自由意志と決定論／思想上の「未練」学派／クレオパトラの鼻／歴史における偶然とは何か／ロビンソンの死／現実的なものと合理的なもの」。

章の具体的内容は、この小見出しである程度理解できるだろう。「未練」学派とかクレオパトラなど、読者の気を惹くことも意図している。しかし、いかにも当時の岩波新書らしく、まじめな時代の雰囲気を反映した硬いイメージは否めない。小見出しすべてが名詞止めであることも影響していよう。要約的な小見出しの典型といえるだろう。

比較のために、二〇〇〇年に刊行された原武史著『大正天皇』(朝日選書)を見てみよう。七章立てである。

序章　悲劇の天皇
1 「遠眼鏡事件」をめぐって　2 天皇はずっと病弱だったか
第二章　結婚まで
1 幼少期の影　2 学習院中退と個人授業　3 朋友・有栖川宮の登場
第三章　はつらつと全国を回る
1 有栖川宮の決断　2 皇太子がやって来る　3 人民との接触　4 有栖川宮の手を離れる
第四章　天皇に代わって全国を回る
1 皇太子巡啓の影響力　2 韓国巡啓　3 強行軍をこなす体力
第五章　巡啓スタイルを確立する

『歴史とは何か』の目次とちがうことは一目瞭然であろう。目次の章、節のタイトルを見ただけでも、読者にどのように手渡すか、編集側は意識的である。読みやすいように、読者の興味を惹くようによく考えている。時代のちがいといってしまえばそれまでであるが、編集者の一冊への関与が、以前よりこまやかになっていることはたしかであろう。またそうしなくては、読者が本を読んでくれなくなったことが背景にある。歯ごたえのある本にチャレンジしなくなった読者の変貌が、このようなところにも読み取れる。つまりこの目次は、おもしろいから読んでごらん、と読者を誘っているのである。

小見出しはどうなっているだろうか。第五章の小見出しを摘出してみよう。

「家族で合唱／地方改良運動の一環として／一カ月の東北巡啓／記念絵葉書の発売／イネがウネと聞こえる／次期大元帥として／請われて岐阜北陸地方へ／トラホームに気づく／よみがえる漢詩の才能／新しい敬礼の仕方／道民からの請願／行啓の日程／石橋湛山の批判／原敬に本音を漏

らす／旧友宅を訪問／蕎麦屋に入る」

先の小見出しとかなり異なっていることが分かるだろう。まず名詞止めがかなり少なくなっている。要約的な小見出しがない。さらに「と」でつなぐ対比的小見出しがない。みなエピソード的で、興味深いことがはじまるように並んでいる。どこか読んでみたいような気分にさせてくれるのではないか。

さらに細かく比較してみれば、『大正天皇』の小見出しはひとつとして、同じボキャブラリーが使われていない。他の章も同じである。

煩瑣になるので挙げないが、『歴史とは何か』の第一章「歴史家と事実」の十四の小見出しのなかで、八つに歴史ということばが使われている。章タイトルに歴史がすでに使われているし、題名も『歴史とは何か』である。この一冊が歴史を扱っているのは自明であろう。そこの小見出しに「歴史」ということばを使っても、この先にどんなことが書いてあるかな、といった気持ちにさせる、本来の役割は発揮できないであろう。読者を引き込むパワーが、その小見出しからはとうてい感じられない。箸やすめ以外の効果はないといわざるを得ない。せっかくの小見出しが生きていない。もったいない使い方といってもいい。当時の岩波新書は、そのような小技が必要ないくらい力があった。読者がついていた。だからこれでもよかったのであるが、本来の小見出しという点では工夫がたりない。

生原稿を整理しつつ、小見出しを挿入していくわけだが、意外に考えこんでしまう場合が多い。

『歴史とは何か』の小見出しには対句表現が多かった。おそらく担当編集者の好みや癖なのである。名詞止めなども意識しないと多くなる。小見出しを原稿にすべてつけたあと、ノートなどにまとめて拾い出してみるとよい。似たようなことばが頻出するのに仰天することがある。まったく同じ小見出しをつけていたなどということも少なくない。武士がテーマの本に、武士の〇〇、武士の××というふうにつけたら、小見出しが意味をなさない。

原稿整理を急いでいることもあるだろうし、中身にひきずられてしまうこともあるだろう。小見出しのつけ方は、十分注意しないと恥ずかしい結果をまねく。私自身は、できるだけ書名、章タイトル、節タイトルと同じことばを小見出しには使わないように心がけていた。名詞止めもどうしても多くなる。いいさしや、一読しただけではわかりにくい言いまわしなどを挟むことも、変化をつけるために必要なことである。『大正天皇』でいえば、「イネがウネに聞こえる」といった小見出しなどはそのような実例であろう。

構想の表現である目次は著者の領分である。プロットどおりの目次はあり得ない。書いているうちに、考えが変わったり、深まったりすることはよくあるからだ。著者からの原稿と一緒に目次をもらう。著者と相談するという条件を忘れてはいけないが、その表現は編集者が推敲する必要がある。著者にとっての目次は骨組みのようなものだ。先にもいったが、鉋もかけていない。装飾もなされていない。商品にするために、表現上の化粧は編集者がほどこさなくてはならない。基本的に小見出しのつけかたと大きくは変わらない。できるだけ同じことばをつづけて使わないようにする（表現のパターン化を防ぐ）。表現に変化をつける。名詞止めが多くならないように注意する。ともかく目次を読むと、おもしろそうだなという空気が立ち上るようにしたい。

読者が購入するとき、本のどこを見るのであろうか。書店で何度も観察したことがある。目的買いの場合はそれほど中身を見ない。しかし、衝動買いの場合、読者はまえがき、あとがき、目次、著者略歴などを読む。そして、パラパラとめくり、アトランダムに読む。そこで気にいれば購入する。多くはそこで、棚や平積み台に戻すのである。なかなか買ってくれない。目次は購入要因にかなりの比重を占める。ブラッシュアップする必要があることがお分かりいただけるだろう。

なかには一〇ページ以上もつづく目次もある。詳しければよいということはない。読者は読むのが面倒になってしまう。またあまりにも素っ気ないのもこまる。先の『歴史とは何か』も、もし章タイトルだけですませればシンプルかもしれない。しかし、それでは読者は置いてきぼりにされた感じになる。そこで章タイトルのあとに、小見出しを小文字ではさむ目次を編集者が工夫して作っているのである。目次は三ページになっている。『大正天皇』は章、節、小見出しまで目次化して五ページである。

全体のページ数との関係もあり、一概にどのような目次がよいとか悪いとかはいえないが、読みたいという気分にどうさせるか、目次が大きな位置を占めていることは忘れてはならない。よい目次はどうしたらできるか。簡単である。自分が読んだ本でうまい目次があったら、そこだけコピーしておくことである。そして遠慮なく真似をすることだ。真似こそ力の源である。目次の作り方に著作権はない。乱暴なはなしのようだが、編集者は過去の遺産の真似をすることによって成長するのである。企画においても、小見出し、目次においても、それはなんら変わりがない。

3　図版・写真・地図・イラストなど

むかし、著作権侵害で大失敗したことがある。ある本に変化をつけようと思い、自社の刊行物から複写して、事前連絡せずに何の気なしに使った。それほど珍しい写真ではない。じつはそれが、著作権にきびしいカメラマンの写真だった。ずいぶん謝ったのだが許してくれない。結局相当額の賠償金を支払う羽目になり、会社にかなりの迷惑をかけてしまった。著作権侵害が骨身にしみたのはこの時からである。

本には原稿によって写真、図版、地図などをはさみこむ。読者の理解を高めるためでもあり、誌面を親しみやすいものにするためでもある。ムード的に写真を入れることもよくある。

著者の協力がいちばんありがたいのだが、資料渉猟のほとんどが編集者の仕事である。顔写真、絵画などの美術品、建造物……写真はさまざまである。まずそういうものがどこにあるか探さなければならない。自社に図書室が完備してあれば、そこで探す。顔写真などは新聞社資料室などが利用できる（もちろん料金を払う）。

いままでの刊行物をひっくり返し、必要なものを複写する。効率よく目的の資料を探す能力が、そのとき試されるのである。そのあと著作権者、所蔵者などに許可をとる。相手は美術館、博物館、マスコミ、個人とさまざまであるが、その許可なしで使用すると私のようなことが起こる。手続きはけっこう面倒であり、時間もかかる。また寺社の場合、法外な料金をとるところが少なくない。ゆとりをもってすすめたいものだが、すべて順調にいくとはかぎらない。

資料渉猟で役に立つのは同業他社の友人である。自社にない刊行物をもっているかもしれない。またその資料について知識があるかもしれない。私もずいぶん助けられ、教えられた。他社の図書室から資料を借り、複写したことが何度もあった。公共図書館でもやれないことはない。しかし、手続き、時間など融通がきかない。ギブ・アンド・テイクである。友人から依頼されたら同じように助けねばならない。そういったネットワークは、この場合にもとても役に立つ。

地図や図版なども、最近は著作権がきびしくなっている。たしかに詳細な医学的イラストなど、イニシャルコストがかなりかかっている。複写されてインターネットにでも載れば、あっという間に流布してしまう。何度も真似のすすめを述べてきたが、写真・図版の領域は決して真似してはいけない。著作権を丁寧にクリアしないと大失敗することになりかねない。

参考文献・年表・索引などの巻末資料の作成も編集者の仕事である。もちろんつけるものと、つけないものがある。読者サービスでもあるし、その本の付加価値をそれによって高めるという狙いもある。パソコンのおかげで索引は圧倒的に楽になった（かつてはことばをカードに写しとり、それを集積してアイウエオ順に並べ、原稿を作った。時間も労力も膨大なものがあった)。いまやパソコンに打ち込み、ソートすると五十音順になる。まさに革命的進歩である。

細かなことをいうと、作業にはまだいろいろなことがある。スリップ、読者ハガキといった付属部分も忘れてはいけないのだが、ここでは指摘するだけにとどめる。

このような作業だけにいえることではないが、編集者はそういうものの全体を統率している存在なのである。

原稿整理したあとは、入稿(印刷所に原稿を入れる)→初校出校→校閲校正、著者校正→再校出校→校正、著者校正→三校出校→校了→白焼き校了という手順を踏む(このあたりは日々変化している。印刷所のデジタル化がすすみ、システムがもっと大きく変わることも予想される)。すべてをスムーズに、効率よくすすめねばならない。著者の赤字訂正が多く入るときもある。外国の場合は事前の契約が存在し、ひどい赤字に対してはペナルティが課せられると聞いている。日本ではむずかしいが、赤字訂正が多ければ印刷所からの請求額が高くなる。このようなことを含めて、結局、時間管理とコスト意識抜きに編集作業はありえないのである。

8　装丁・タイトル・オビ

1　本にも衣装

日本の書籍が世界に誇る長所のひとつに装丁がある。欧米には革を中心にした造本の伝統がある。歴史に耐えてきた重厚感はさすがだが、日本の場合は少し異なる。堅牢さ、重厚さというよりも、手にもった感触、あるいは視覚的な印象深さ、あるいは商品価値の創出などに重点を置いた「デザイン」なのである。欧米の書籍ではあまり行われない、カバー、表紙、オビそれぞれに工夫をこらす。そういった細かな神経の遣い方は、日本独特の文化意識のあらわれだろう。

装丁はその端的な反映である。つまり多くの読者になんとか読んでもらいたい、手にとって眺めてもらいたい、著者と編集者のそういう願いの最後の工程が、装丁に集約されるわけである。「馬子にも衣装」といってはいけないが、装丁という装いには、一冊の幸せな旅立ちを願う気持ちがこめられている。だから編集者は、見た目にもよい装丁、書店においても目立つ装丁、さらには美術としても美しい装丁という二重三重に矛盾した期待を、デザイナーに託しているのだ。私自身は、杉浦康平、田村義也という二人の対照的な装丁家とながく仕事をさせてもらった。というよりたくさんのことを教わった。お二人ともまことに鋭く、はげしい。

杉浦康平さんはあくまで論理的であり、オフセット印刷の技術を徹底的に駆使しようとする。私がそすでに触れたが、あるときから講談社現代新書をすべて杉浦康平デザインに切り替えた。私がその渦中に異動になったことはすでに述べた。岩波新書や中公新書などほかの新書は、ほとんど文字だけのシンプルな装丁であった。ところが現代新書はカバーが黄色のうえに絵やイラストといったカットが入っている。三つの新書を比べると、当時はまことにハデに映った。けばけばしいとまでいわれた。京都のえらい先生から、新書の黄色はいけません、と直接いわれたこともある。しかし、店頭では目立った。ブランド力があまりなかった現代新書を他の新書と差別化するのに、杉浦さんの装丁は威力を発揮したのである。

しかし、装丁ができあがるまでが大変だった。カットひとつ探すのに、恐るべき時間と手間がかかった。美術全集を片端から眺め、よさそうなものを資料として持参する。あるいはフィルムを借り出す。さらに古書を買ってもってゆく。神保町の一誠堂の二階の洋書売り場にこんなものがあるはずだとか、銀座の近藤書店の洋書売り場でこういうものを見てこいなどと、注文が次々に出る。ようやく紙袋いっぱいにそのような資料をもっていくと、事務所の辻修平、海保透、鈴木一誌といった若きつわものが、さっと見てこれは使えませんなどという。また重い紙袋をさげて社に戻るということが、毎月のように続くのである。しかし、とても勉強になった。

文化としての書籍への思い、あるいは印刷・製本といった仕事への深い理解は、杉浦さんのそばにいてよく分かった。そのかわり、手抜きやごまかしに対しては峻烈であった。論理的にできることはすべてやるべきだ、という一貫した姿勢は変わらない。原理的にこの色は出るはずである。だから印刷所は発色に責任をもたねばならない。らちが明かなければ、印刷現場に直接出向いてしまう。編集者も一冊の本に全身全霊を傾けるべきだというのである。それはまちがっていないだけに困ることもある。つい、まあほどほどに、などとお茶を濁そうものなら、容赦ない声がうしろから投げつけられる。

装丁論というより人物論に傾いてしまうが、装丁については杉浦さんからすべて教わったように思う。原稿内容が、カバーによって一瞬で「立ち上がる」ようにしなければならない。装丁を「ことば」ではじめて語れるデザイナーが出現したといってよい。杉浦康平という類まれな個性によって、初めて装丁が文化になったのではないか。

田村義也さんは杉浦さんとまったくちがう。編集装丁家と自称していたように、装丁はあくまで編集者の仕事と考えていた。デザイナーと呼ばれることをかたくなに拒否していた。タイトルと著者名ははっきり見えなければならない。書店店頭で分からなければならない。だから装丁は文字が重視される。しかも手書きの迫力を追求する。

ご自宅に伺うと、それこそ試作された何十通りの著者名、タイトル名が、ところ狭しと並べ置かれている。できあがるまでに捨てられるものも膨大である。そして、もうひとつこだわるのが活版印刷である。杉浦さんが徹底的なオフセット派なのと好対照である。

安岡章太郎『僕の昭和史』（対談集まで入れると、全四巻。ゴールデンバット、ピース、セブンスター、光という日本の代表的なタバコのパッケージを背景にした装丁で、田村義也の代表作のひとつである）のとき、著者の安岡さんと、田村さんと、精興社という老舗の印刷所で実際の印刷に立ち会ったことがある。いかにも職人さんという方に、もう少し白を盛ってくれないかなどと注文をいろいろつける。うん、その調子だなどといっているうちに刷了となった。なんでもない光景のようだが、なるほどこれが田村義也のスタイルだな、とあらためて思った。

「その装幀の姿勢もまた、（中略）そのデザイン的手法を忌避し、すべてに田村が心血を注いで、手づからつむいだものである。そのことで、いまや読書さえデジタル化されようとしている環境に生きる私たちに、手で書き、ページをくって読むことの厚みを体感し、融和することの大切さを教えてはいないだろうか」（臼田捷治『装幀時代』晶文社）。田村さんは、現場の職人さんとのやりとりを楽しんでいるような様子であった。印刷機は生きている。よって極論すれば、一冊ごとに装丁のタッチがちがっていいわけである。そういったあくまで手づくりの感じが、田村さんの装丁観の根幹にある。

強烈なお二人への個人的な思い出についひたってしまった。杉浦さん、田村さんのほかに、司修、安野光雅といった画家、あるいは高麗隆彦、間村俊一、鈴木一誌、山岸義明、川上成夫、中

安岡章太郎『僕の昭和史』はタバコのパッケージを装丁に使った。
田村義也の膨大な装丁作品の中でも代表作のひとつである。

島かほるなど、数え切れないデザイナーと仕事をさせてもらった。

装丁も編集者の熱意しだいのところがある。いくたびも打ち合わせをし、ゲラを読んでもらい、編集者のイメージを投げかけることによって、装丁原案は磨かれるのである。またデザイナーには、やはり芸術家気質のところがある。思い込んだまま動けなくなることも少なくない。その場合、編集者はサジェスチョンすることで、軌道修正を指示しなければならない。そのような作業は、著者の原稿に対するときとまったく同じである。読者にとって、この装丁はいいのか、あるいは店頭で目につくのか、ひいてはこの装丁で売れるのか、そういったことを判断しなくてはならない。ありがたく押しいただくばかりが、編集者の役割ではない。

「講談社選書メチエ」や、「現代思想の冒険者たち」、「日本の歴史」といったシリーズの装丁は、普通の単行本とちがっておおごとである。いくとおりもダミーを作ったり、シンボルマーク、ロゴマークをどうするかなど、社内関係者とも時間をかけた会合を重ねる必要がある。とりわけ「メチエ」のようなエンドレスに続く可能性の高いシリーズの創刊は、社内外の反響も大きい。社会に向けてきちんとした創刊の辞も作らなくてはならない。まるで火事場のようでもあり、またお祭りのようでもある。私はなんどもそういう機会を経験させてもらった。じつに幸せだと思う。

編集者のなかには、黙っていればいつの間にか装丁はあがってくるものだと思っている愚か者がいる。著者と同様に、編集者の熱意が装丁の内容を動かすのはいうまでもない。

ジャンルに応じた装丁家のリストをたくさんもっている必要がある。装丁家はひとりひとりが著者以上に個性的だからだ。戸田ツトムと平野甲賀と菊地信義のだれに装丁を頼むかによって、できあがる本は相当に違ったものになる。だから編集者は、その本の性格、読者年齢、店頭での置かれ方などまで考慮して、いちばん適切な装丁家を選択しなくてはならない。つまり原稿内容にふさわしいデザインを、編集者なりに想像するわけである。

一冊の本としては見事な装丁でも、店頭においたら一緒に並んでいるものに負けてしまうものもある。逆にそれだけ見るとたいしたことはないが、店頭では読者の目を引きつける装丁もある。本はやはり手に取られ、読まれなければ意味はない。飾りものではない。その意味で装丁は実用品である。一部には、芸術性に偏りすぎたり装飾過剰の装丁がないわけではない。過剰な装丁は恥ずかしい。中身はたいしたことがないのに、外側だけ立派なものもある。編集者の苦渋はよく分かるが、あとになるにつれて忸怩《じくじ》たる思いが湧いてくる。装丁は大事な要素であるが、いうまでもなく、内容が悪ければ本の価値はない。

もうひとつ大事なことはコスト感覚である。どんな紙を使うか、色数、箔押しなど、本文以上にひとつひとつが原価に直接ひびく。一度校正刷りをだしたものの訂正は費用がかかる。編集者は装丁家をコントロールできなくてはならない。「この紙は高すぎますから、似たようなものでお願いできませんか」など、どれほど装丁家とやりあったか。編集者の力量は、このようなところでも問われる。

コンピュータの画面上でデザインをする装丁家が増えてきている。データで入稿するのだが、モニターの画面上と実際の印刷のあいだに微妙な食い違いが生じる。デザイナーと印刷所の機械の違いなども影響するのだろう。まだ安定していないようだ。またひとたびデータで装丁原稿が入稿されると、変更がむずかしくなるところも、これからの課題ではないか。

コンピュータのような機械の進歩があっても、ようするに編集者の仕事は変わらない。優れた装丁家を起用し、充分な打ち合わせのもとに、対象となる本にふさわしいデザインをつくってもらうために、手を尽くすだけである。著者に原稿を完成してもらうのと、なんら変わりはない。ちがうのは原稿よりも製作期間が短いことぐらいである（ものにもよるが三週間から一カ月ぐらいであろうか）。

2　タイトルを練る

タイトルはその本の生命であり、中心である。柳田國男はつねづね編集者に、「よいタイトルをもってきてくれればいくらでも書くよ」といっていたそうである。タイトルによって著者のイメージが膨らむのであろう。そういえば『雪国の春』とか『海上の道』『先祖の話』『遠野物語』など、印象深いタイトルが多い。名著と呼ばれるものは、みなタイトルが優れている。『「いき」の構造』『善の研究』『風土』『菊と刀』『零の発見』『現代政治の思想と行動』『文明の生態史観』

『タテ社会の人間関係』等々。みな記憶に残るタイトルである。

いま、書籍出版はどんなものでも売れ行きを考えなくてはならない。一人でも多くの読者を獲得するために、いままで以上にタイトルの魅力が求められているのである。しかし、おもしろいだけでは困る。タイトルは内容を表していなくてはならない。一読すぐに分からなければならない。小説とはその点がことなり、中身と無関係なものはつけられない。デザインとの関係もあり、文字数は制限される。制約が多い。そのなかでのネーミングなのである。

一時代を画した一冊に、多胡輝著『頭の体操』(光文社カッパブックス)というベストセラーがあった。いまではなんとも思わないが、このタイトルは画期的ではなかったか。頭と体操は本来なかなか結合しない二語である。体操は身体を動かす行為である。いわば頭と対極にある。頭の体操と発語したとき、奇妙なねじれ感が読み手に生まれる。しかし、意味はそのねじれのなかで逆によく分かる。そこが新鮮であった。インパクトが生まれた理由なのである。いまや『頭の体操』レベルでは読者は驚かない。もっと練られたタイトルが要求されている。

タイトルはその本が目指すところによって異なる。ベストセラー志向の場合、少々あざといタイトルをつけてもいいだろう。しかし、ロングセラーの場合、飽きるようなタイトルは避けた方がよい。一般的に、動きがあること、手にとって見たくなる、あるいは誘われるような謎、意外性などをタイトルにこめたいものだ。

著者の存在や生き方そのものを前面に立てるときは、少しわかりにくくても、強烈なほうがよい。乙武洋匡『五体不満足』（講談社）、大平光代『だから、あなたも生きぬいて』（講談社）などはその実例であろう。前者は障害をもった著者が自分を前面に押し出しているのでかまわないとはいえ、あまりよいタイトルとは思えなかった。なぜなら強烈すぎて、かすかに不快感が残るからである。後者はよくわからない。しかも文脈が屈折している。だがこの異様さが、売れはじめると効果をもつのだろう。

嵐山光三郎『「不良中年」は楽しい』（講談社）という中ヒットした本に関係したことがある。初めのタイトルは『「不良中年」の楽しさ』であった。どうもそれではまとまった感じがしてしまう。タイトルの描く世界に動きがたりないように思えた。そこで『「不良中年」は楽しい』と改めた。「の」→「は」、「さ」→「い」、の変更である。見た目にはわずかな変更かもしれないが、ずいぶん雰囲気がちがってみえるのではないだろうか。動きがあり、開放的な感じが生まれている。「楽しさ」というと、抽象的でまとまりがありすぎる。ところが、「楽しい」というと、著者の体験談がふんだんに紹介されているように見える。たいした違いではない。しかし、その微差に力を注ぐのが編集者なのである。この感覚がないと編集者はつとまらない。

『他人をほめる人、けなす人』（草思社）、『金持ち父さん貧乏父さん』（筑摩書房）という並列的なタイトルが流行している。そういえばかなりむかしになるが、現代新書に板坂元『考える技術・書く技術』という大ロングセラーがあった。いまでも売れている。これも並列である。文章をどのように書くかというハウ・ツーの名著であるが、平凡なタイトルにしないところに編集者の力を感じる。並列的タイトルの伝統は続いているというわけだ。柳の下にドジョウは三匹以上いるというのが、この世界の常である。

文学的なタイトルは偶然に生まれることが多い。著者が参与する度合いも高い。しかし、人文・学芸的な本の場合、原稿ができあがってからタイトルを捻ることも少なくない。その研磨の方法に、編集者の修練が必要になってくる。

たとえば入門書の場合はどうすればいいだろうか。「〇〇入門」ばかりでは芸がない。他との差別化ができない。前にも触れた廣松渉さんに啓蒙書を書いてもらった。そのときのタイトルが『哲学入門一歩前』(講談社現代新書)。「一歩前」が大工夫なのである。

『はじめての〇〇』『××はむずかしくない』なども工夫した入門書のタイトルであろう。できあがってみるとなんでもないが、考えているときはひどく苦労しているのだ。しかもよいとなると、あっという間に真似される。タイトルに著作権は存在しない。真似されることを名誉と思うほかない。

たしかテレビがはじめたのだと思うが、『サルでも分かる〇〇』という入門書もあった。パソコンの本を作ったときは「使いこなす」をアイキャッチのフレーズにしてみた。「こなす」というところに努力がある。繰り返すが、こういうことをくだらないと思うタイプは編集者には向かない。

また疑問形を採用したこともあった。『マンダラは何を語っているか』『ローマはなぜ滅んだか』というようなタイトルである。読者はいささか追われるような感じで本を手にするのではないだろうか。誘ったり、脅したり、すかしたり、みな苦労しているのである。タイトルにも、はやりすたりがある。一時、『○○の謎』というのも多かった。謎のかわりに『××の不思議』というタイトルを考えたこともある。入門書はタイトルの激戦区である。ここを制覇できれば一人前だ。

　当たり前のタイトルをどのようにすればおもしろそうに見せることができるか。「食卓の近代史」といったものが企画提案されたことがある。ヨーロッパにおいて近代以後、流入してくる物品によって食生活や味覚が変化したという骨子である。アナール（社会史）的な発想でおもしろそうだが、よいタイトルがほしいということになった。『食卓の近代史』ではあまりにも決まりすぎで動きがない。『食物における近代化』では、なおさら論文的である。少しずつ変化させる。食卓をいいかえるとどうなるか。あるいは近代といわず転換を伝えることができないか。そのようにひねりを加えてできたのが、『ヨーロッパの舌はどう変わったか』（講談社選書メチエ）である。ちょっとおもしろそうだろう。舌を発見したところがポイントである。味覚という抽象性を脱却している。疑問形によって動きも生まれている。

3　オビは腕の見せどころ

カバーをくるむ幅六センチほどの化粧紙をオビという。通称、腰巻ともいう。「書物の表紙または外函の下部に巻いた帯状の印刷物。帯または腰巻ともいう。白紙または色紙を用い、書名、著者名および内容の簡単な紹介や批評の一部を印刷したもので、店頭において販売広告の役割をする」（日本エディタースクール出版部『出版編集技術』）。

定義としてはその通りであるが、いまはもう少し積極的な意味をオビに与えている。出版点数もふえ、書店店頭での激戦ぶりは想像を絶している。なんとか読者の手にとってもらいたい、読者に買ってもらいたいという気持ちは強い。だから読者が捨てるかもしれないそのオビに、編集者は真剣なのである。

- 内容の適切な説明
- 意義、位置づけ
- 著者の苦労、かけられた時間
- 著者の意図、意欲、野心
- 著者の売り出し、経歴の紹介

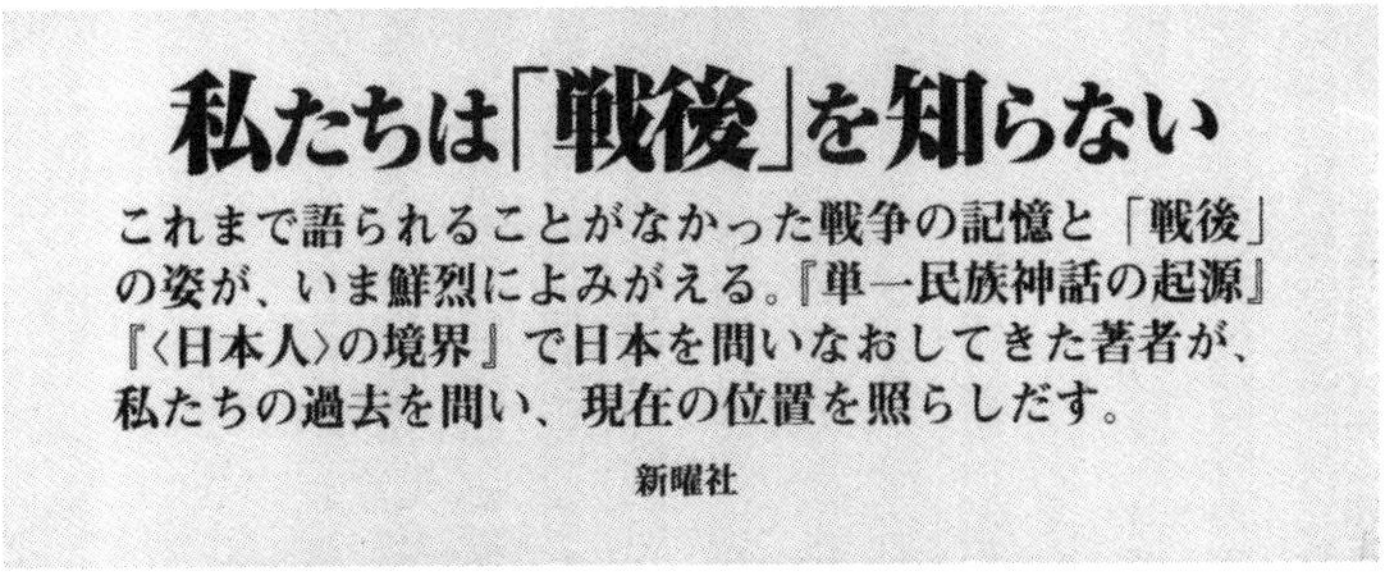
私たちは「戦後」を知らない

これまで語られることがなかった戦争の記憶と「戦後」の姿が、いま鮮烈によみがえる。『単一民族神話の起源』『〈日本人〉の境界』で日本を問いなおしてきた著者が、私たちの過去を問い、現在の位置を照らしだす。

新曜社

900頁を超える大著にふさわしい堂々としたオビ。（小熊英二『〈民主〉と〈愛国〉』新曜社）

・編集者の眼、視点
・読者の期待感への刺激
・本文中の図版、写真
・装丁の素晴らしさ

このようないくつかの観点からオビの文章を練るのである。わずかなスペースである。すべてを言い尽くすことはできない。この本の特色は何か。何で攻めるか。狙いを絞ったうえで、文章を磨くのである。編集者の戦略がここでも問われる。

手元にある一、二の実例から説明していこう。

小熊英二『〈民主〉と〈愛国〉』（新曜社）のオビは上のようになっている。タイトルはカバー上部に横位置に置かれている。それもあり、オビ上部に横位置に大きい活字で、つぎのような惹句が置かれている。

私たちは「戦後」を知らない

つづいてやや小さな活字でつぎのように書かれている。

これまで語られることがなかった戦争の記憶と「戦後」の姿が、いま鮮烈によみがえる。『単一民族神話の起源』『〈日本人〉の境界』で日本を問いなおしてきた著者が、私たちの過去を問い、現在の位置を照らしだす。

九〇〇ページを超える大著にふさわしい堂々としたネームである。大きい活字は読者への問いかけであり、反省を迫っている。内容を説明したいため、小活字の方の第一文は大活字の言い換えをしている。第二の文で著者の経歴を、書名をあげることで紹介し、すでに前の本を読んでくれている人に向けてPRしている。ただ惜しむらくは、「私たち」「戦後」「問う」といった言葉がダブっている。オビは限られたスペースしかない。なるべく整理した方がすっきりする。また一般的に複文や、接続詞、指示代名詞が使用されると迫力をなくすことがある。オビは概して単純な、短い文章の方が効果的である。

小泉武夫『不味い!』(新潮社)を見てみよう。発酵、醸造の専門家であり、かつ食べること(美味)にこだわるエッセイストでもある著者が、不味いものを食べさせられた経験を綴った、おかしくてかなしい一冊である。大きな書き文字の「不味い!」というタイトルが、カバーのど

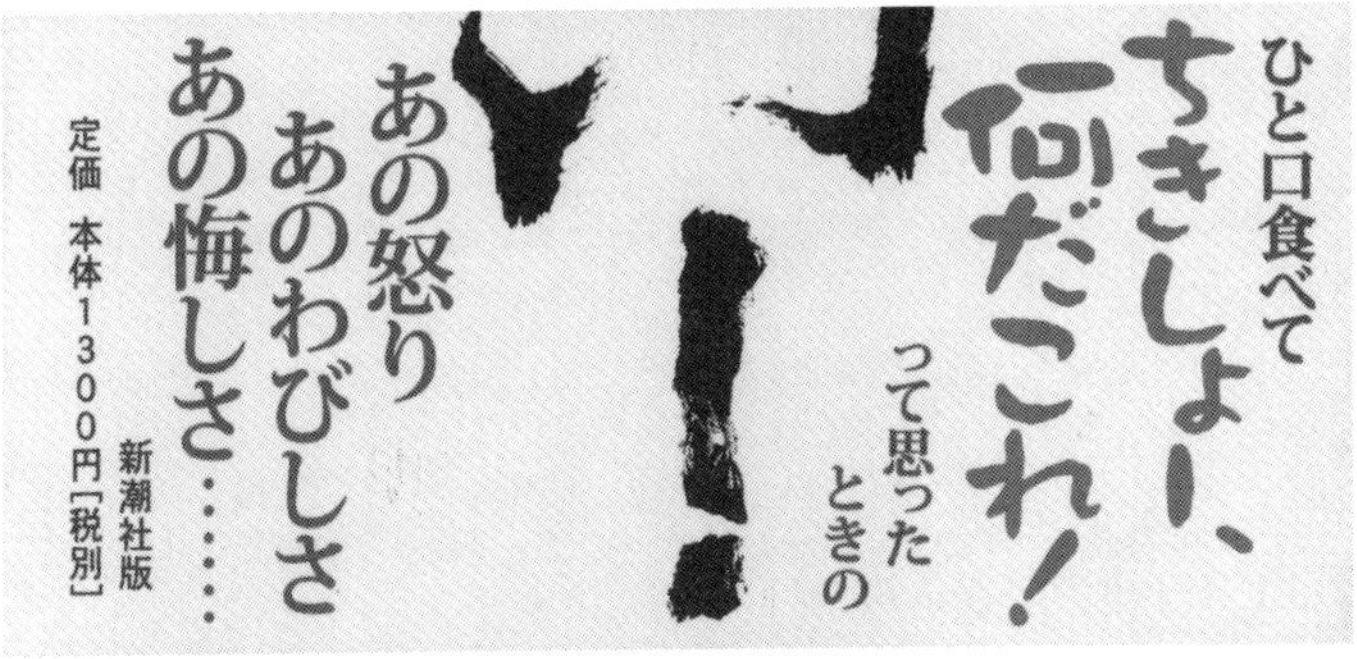
ひと口食べて
ちきしょー、
何だこれ！
って思った
ときの
あの怒り
あのわびしさ
あの悔しさ……
新潮社版
定価　本体1300円［税別］

編集者のしてやったりという顔が浮かびそうな、ユーモアたっぷりのオビ。（小泉武夫『不味い！』新潮社）

真ん中にタテ位置に躍っている。そのオビである。タテ書きでつぎのようになっている。

ひと口食べて
ちきしょー、
何だこれ！
って思った
ときの
あの怒り
あのわびしさ
あの悔しさ……

ユーモアたっぷりのネームである。ともかく不味いものを食べてしまった記憶を刺激しようとしている。よけいな説明はしない。一点勝負である。他の文章と色あいも変えた「ちきしょー、何だこれ！」は書き文字、しかも「ひと口食べて」「って思った」「ときの」と「あの怒り」以下と、活字の大きさを変えている。神経のゆきとどいたデザインである。

　裏表紙側のオビには内容の説明がたっぷりはいっている。最後のフレーズはこうなっている。「コイズミ先生を／〈ぎゃふん！〉と言わせた／ツワモノども。／不味いものが、／なぜ不味くなったのか判る、／蘊蓄たっぷりの傑作の一冊」。編集者のしてやったりという顔が浮かびそうな内容紹介である。

　惹句には、編集者だけがもっている原則のようなものがある。まず執筆者である著者の意図から逸脱してはいけない。オビだけ目立ってはいけないのである。本文とセットであるべきなのだ。あくまでも広告コピーであり、読者の目を惹かなければいけない。なかには独りよがりで、気取っているだけの自己満足のオビもある。別にオビで文学をやるわけではない。本体をどうよく見せるかのためにだけあるものだ。その自覚は必要だろう。

　スペースが限られているので、短い文章が望ましい。簡潔で、分かりやすく、強い。ズバリといえなくてはならない。オビはじっくり机の上で読まれるものではなく、店頭でのみ役に立てばいいのだ。その上で、へえ、なかなかやるね、うまいな、と思わせるようにしたい。

　腰巻大賞という催しが何年か続けられたことがある。洒落の度合いを競うオビのコンテストであった。しかし、このような試みはやや邪道であると思う。あくまでも大事なのは本そのものであって、オビではない。地味な労作にはそれに向いたオビでなければならない。オビは目立たなければいけないが、目立ちすぎてもいけない。

9 編集から見た販売・流通・宣伝

1 書店という特異な場所

編集者は本を作っていればよく、販売・流通などは専門家に任せておけばよい。質のよい本を作れば読者は必ず分かってくれる。それはいままでの常識であった。ところが眼前に進行している事態は想像を超えている。自分の編集した本が店頭に並ばないのはよくあることだ。せっかく力をこめてつくった本が、読者の目に一度も触れず返品されることさえある。それではよい本もへちまもない。

店頭だけでなく、取次の現状や膨大な市中在庫に、編集者も無知であってはいけない。編集者が本だけを作っていればよい時代は終わった。どのようにして本が流通し、どのようにして代金が回収されているか。それら抜きでの編集はあまりにも楽天的すぎる。以下は編集者から見た販売・流通の実際である。

くりかえしていっていることだが、本は特殊な商品である。汎用性、一般性がない。好きでもない作家の本をもらってもちっともうれしくない。かえって迷惑な気分になるだろう。必要ない本を贈呈されると困ってしまう。このようなことは、編集者でなくても誰しも経験のあることではないか。私のつれあいも本が居間に侵入しだすと、きびしい声をあげる。「書斎にもっていってください」。二の句がつげぬ口調である。それでもふつうの家庭より理解がある方だろう。なにしろ亭主は本によって給料を得てきたからである。しかし、それでも自分に関係ない本は邪魔でしかたがないのである。

読みたくもない本は重いだけで何の役にも立たない。むかしならトイレの落とし紙にでも使えたが、現在のような高級紙ではそれもむずかしい。破るのにもエネルギーがいる。食べ物、電気製品、文房具、家具などの商品は汎用性がある。自分が必要でなくても、誰かにあげることもできる。だから市場で取り引きされるのだ。ところが本の購買者はきわめて限定されている。A（本）→a（人）なら売買が成立する。B（本）→a（人）になるとまったく成立しない。ふつうの商品の場合、売れなければ価格を下げ取り引きを成立させる。しかし本の場合、いくら下げても成立しないことが多い（新古書店は邪魔な本を再集積することによって成立している）。並べても、積み上げても、読まなければ埃が付着するだけだ。厚く重たい本などは凶器にもなる。しばしば主婦が蛇蝎《だかつ》のように本をきらうのは、ある意味で当然なのである。

ミリオンセラーが話題になるが、本は圧倒的に多品目、少量生産である。近年の出版の平均でいえば、出版点数は一年で約八万点が刊行されている。平均定価一一〇〇円強だという。一日に二〇〇点以上出版されている計算になる。アイテム（書目）の八万点という数字は驚くべきものだ。なぜならば、形態の上では同じ本であるが、じつは一点一点まったく内容も質も異なった商品だからである。

『痔を切らずに治す本』『時間論』『磁気のちから』『自由民主党』『ジンメル』。五十音順に本を書棚にならべると、「じ」のところはこんなふうになる。書名をみて、目的・用途がまったく異なることが一目でわかるだろう。冷蔵庫と電気釜の差以上に、そのものの性格がちがう。しかし、かたちは同じ本なのである。痔に悩んでいる人に、磁気の本を渡したらあきれられるだろう。一方、冷蔵庫を見ている人に、ついでに電気釜をすすめてもそれほどの違和感はない。商品として近いところに位置しているからである。ところが痔と磁気の距離は、驚くほど遠い。つまり読者がまったく交差しないのである。

にもかかわらず、本という形態は共通しているために書店に並ぶ。もちろん著者別、ジャンル別に陳列しているので支障はない。書店がきわめて特異な場所であることは、理解できるだろう。本・雑誌という、形態上はひとつでありながら（かたちはみな似ている）、じつはデパート、スーパー以上に、多くの質の異なった商品を扱っている空間なのだ。オーバーでなく、文化の集散地なのだ。あらゆる問題、あらゆる素材、あらゆる経験、あらゆる事件、あらゆる知見が書棚に並んでいる。

書店は日本全国で約二万軒弱といわれている。一般に、版元―取次―書店―読者というふうに本は流れてゆく。探している本が見つからない。ほしい本が置いてない。注文しても届くまでに時間がかかりすぎる。このような苦情がいつまでたっても絶えない。しかし、よく考えてみよう。一万軒の本屋さんに一冊ずつ置いても、一万冊の部数が必要になる。ところが初版一万部のものはそれほど多くない。大半は三〇〇〇〜四〇〇〇部程度である。すべての書店に並ばないのは、ある意味で当たり前なのである。また紀伊國屋、三省堂、丸善&ジュンク堂といった大型書店は、それなりの部数を仕入れる。結果として地方や小規模の本屋さんに、本がなかなか届かないことになる。

以上は流通の論理だ。読者の立場に立ってみれば、それでは納得がいかない。ほしいのに、なぜ本がないのか。誰が邪魔をしているのか。きっとそう思うにちがいない。同じ電気製品なら代替がきく。たしかに東芝と日立で大きな違いはない。しかし、本は代替がきかない。同じ四六判厚表紙であるからといって、ジンメルの本をほしがっている人に、自民党の本を差し出したらどんな顔をされるか。このように他の商品と異なり、本は固有性や目的性がきわめて強いために、かえって望んでいる人の手に入りにくいところがある。それが怒りに直結してしまうのである。

本は外側からでは内容や機能がわかりにくい。読まなければ価値が分からない。しかし、使って試すわけにはいかない。オビ、装丁以外に商品の説明も十分ではない。個別性が強く、そもそも汎用性を考慮していないのだから、当然かもしれない。分かる人に分かればよい。事実、個別的には分かる人が多いので、それですんでしまう。

書店員から本の説明を受けたことのある人など皆無だろう。ふつうの商行為からいえばかなり不親切である。生鮮食料品だってそうではないか、という反論があるかもしれない。たしかにおいしい、まずいという判断は食べてみなくてはわからない。ただ、この店の野菜はうまいとかよくないという傾向はつかめるであろう。つまり小売店の信用が左右する。ところが本のよい・悪い（おもしろい・おもしろくない）の責任は書店にはなく、版元か著者に帰着する。これもまた世間の常識と異なる。しいていえば映画などに似ている。おもしろくなかったとしても、映画館に文句はいわない。つまらない映画を選んでしまった自分を責めるほかない。

本は映画に似ているが、紙の集積、冊子としての「もの」が残る。具体的にかたちがあり、かつ古くなってもそのまま流通するところがある。いつでもどこでも、読みはじめることができる。また店頭で手にとって部分的にのぞける。これも異なる点であろう。

ソフトという側面で考えると、価値があれば価格はいくら高くてもかまわないはずだ。たとえばゲームソフトの値段は千差万別だ。おもしろくなければ、あっという間に二束三文になってしまう。では本は内容によって異なった価格設定ができるだろうか。同じ二〇〇ページの本が、一方は五〇〇〇円、一方が二〇〇円であったとしたら、読者はやはりおかしいと感じるだろう。内容が第一なのであるが、形態・ページ数などの外的要因も価格設定に大きな役割を果たしている。その点でいうと、ソフトの面がすべてともいいきれない。

しかも多品目、少量生産とはいえ、グーテンベルク以来の複製商品であることもまちがいない。もし大量に印刷しようと思えば一度にできあがる。その場合、コストは極端に下がる。しかし、ほとんどそのようなことはない。そういう可能性を秘めているだけだ。人間のいちばん根底の、きわめて個人的な嗜好に左右される商品。これが本なのである。いろいろあげてゆくと、一般化しにくい性質を持っている商品であることを改めて実感する。

少し抽象的になったので、現実の流通の話に移ろう。書店店頭での価格を一〇〇とすると、取次のマージンが約一〇、書店が約二〇、残りの七〇前後が生産者である版元の手に渡る。版元はそれを印税（ふつうは本体価格×一〇パーセント×刷り部数）、用紙代、印刷・製本代、宣伝費、人件費、利益などに充当するのである。本体価格一〇〇〇円だと、書店の粗利益はほぼ二〇〇円ということになる。だから価格の高いものがたくさん売れることが望ましい。後述するが、再販売価格維持制度と長年の商習慣である委託制度がセットになって、たくさん売ろうが一部しか売るまいが、書店は同じ率のマージンしか得られない。ふつうは多く売ると利益率は高くなる。ところが書店小売はそうならない。ただし逆もない。売れなければ返品すればよいからである。

この制度の功罪はあとで詳しく述べるが、ともあれ書店はマージンが一定であるから、販売数量が第一目標になる。足の早いベストセラーをすばやく仕入れ、売りさばくことにエネルギーを注ぐことになる。その結果、雑誌のほかに店頭に並べるのは扱いやすいベストセラー志向のものや、文庫本のような手軽な本だけでよいということになり、小部数の本や、文化的・学術的な本には目が向かなくなる。これでは多種多様な、読者の個別的な欲求に応えられないことになる。もうひとつはコストの効率化である。全国の書店員の大半はパート・タイマーだという。なかには商品知識の詳しい人もいるだろうが、当然のこと、あるレベルに到達しないパートは少なくない。知識がある愛書家、好書家との差は開くばかりである。

数量と効率の重視。これは書店のコンビニ化といってもいいだろう。全国の書店業界に進行している事態である。効率よく雑誌とベストセラーを中心にした書店がどんどん増えている。文化的雰囲気をただよわせ、本を愉しめるといった風情は、本屋さんから消失してしまっている。書棚を眺めながら、こんな本が出ていたのかというような発見も、書店でこそ得られる。決まったものしか置いていない書店は、先に述べた多様性という本の特性と相反している。ところが恐ろしいことに、現実は文化の香りを持っていた地方有力書店が、つぎつぎと廃業に追い込まれている。その代わり、新規の大規模店の増床、地方進出がめだっている。全国的均一化の進行。個性はどうしても欠如してしまう。それに拍車をかけているのが、コンピュータによる管理システムの進歩である。

ＰＯＳシステム（point of sales system）、これが小売店の武器である。レジで打ち込まれるデータが瞬時に整理、集計されて、どんなものが、どの程度、どのような分布で売れているかが分かる。販売時点、単品ごとの情報を収集・蓄積・分析できる。この数字によって仕入れから在庫、販売まで一貫管理されているのがコンビニなのである。いま、出版業界にもＰＯＳが導入されている。これによって大手書店のデータが版元に届く。売れている、売れていないという数字が、発売後一週間や一〇日ぐらいではっきり分かってしまう。

経験でいえば、初速のよくないものはその後もあまり動かない。もちろん宣伝・書評などによって変わることもないわけではない。しかし、初速の数は信頼できる第一のデータである。初速が悪い。その段階で、その本に対する期待が急速にしぼむことになる。他の書店にもこの情報は伝わる。すると返品が早くなる。逆もある。売れているという情報が入ると、どの書店もその本を店頭に平積みする。読者の目にふれる機会が増大する。その結果、より売れて、ベストセラーになることがある。いうならばPOSシステムは、全国均一化をいっそう推し進めることになる。

事態の進行を粗述したのであるが、ともかく個性を発揮するのがむずかしい時代であることはまちがいない。書店も自分の力で売るのではなく、どこかで売れているという情報の入手に力を注ぐことになる。たしかに利益率が一定なら、そのような行動は理にかなっている。売れている情報をキャッチして、それを仕入れれば危険は少ない。ムダがない。金太郎飴のように、どこでも同じ商品構成の書店ばかりになるのは、経済原則からいうとやむを得ないのかもしれない。しかし、読者や編集者からいうと困ったものだ。そのおおもとに、先にふれた再販売価格維持契約制度と長年の商習慣である委託配本制がある。

2　再販売価格維持契約と委託配本制

メーカーが小売価格を決めて、小売店に強制することは独占禁止法で禁じられている。しかし、独占禁止法のなかにいくつか適用除外品がある。そのひとつが著作物で、具体的には書籍・雑誌・新聞・レコード盤の四品目がそれにあたっている。出版社と書店は「再販売価格維持契約」をむすぶ。それによって「定価」で売ることができるのである。

この契約の微妙なところは法律的には「定価で売っていい」ということであり、「売らなくてはいけない」のではない。値引きして売っても犯罪にはならない。また逆に、版元が契約違反といって取引停止しても罰則をうけることはない。

委託配本制は出版業界の長年の商習慣である。

> 普通の業界では、メーカーや問屋が小売店に商品の販売を委託して、清算時に売れた分のマージンを支払います。ところが、出版界の場合は、書店は入荷した分の代金をまずいったん支払います。そして、一定期間に返品した分については、返金されます。つまり、他の業界では「返品条件付き買い切り」と呼ぶ取引状態が、出版界の委託です。基本的にはほとんどの新刊書と雑誌は、この委託制によって配本されます（井家上隆幸・永江朗・安原顯『「出版」

に未来はあるか』編書房)。

再販商品なので時間がたっても本の価格はかわらない。永江が分析するように、そうすると本が有価証券と同じ意味をもってくる。版元は、ともかく出荷すれば金になる(ただし取次への卸し価格の条件は各版元によって異なる)。そうすると、なんでもいいから作って流通に流してしまえという事態が起こりうる(返品率が高ければ、いずれは自分の首を絞めることになるが、当面の売り上げは立つ)。返品があっても、それ以上の数量の新刊を刊行すれば、ともかく現金は入ってくる。

書店は支払いの代わりに、商品の返品で対応することもありうる(これを金融返品という)。結果として出版界は、高い返品率に悩んでいる。

「再販制と委託配本制が、敗戦直後の貧しい日本で、一定の役割を果たしてきたのは事実です。価格競争がないから、書店は利益を確保できた。売れるか売れないか書店が判断できない本も、返品できる安心感があったから店頭に並べられた」(前掲書、永江)。たしかに再販制と委託配本制は、どんな本でも店頭で見ることを可能にした。本の平等性が確保されていた。だが、その戦後を引っ張ってきたシステムが、そろそろ制度疲労をおこしていることもまた事実である。

マージンが一定で、返品ができるならば、みずからの努力で売りさばこうという意欲はあまり湧いてこないだろう。失敗する危険もない代わりに、成功報酬も少ない。だから個性が生まれない。商品知識も向上しない。本に対する愛情が欠如してしまう。つまり本がモノ化するのである。書店店頭が活性化しないのも理由がないことではない。

近年、アマゾンなどのウェッブ書店の拡大がいちじるしい。サイトには情報がたくさん張りめぐらされている。既刊本についての書評なども簡単に閲覧できる。それらを含め、かなりの利用率だと聞いている。いまの書店の現状だと、ウエッブ書店はもっと成長するにちがいない。読者にとっては手に入ることが優先されるので、ありがたいのではなかろうか。しかし書店での本を手にとる感触や、目次、あとがき、装丁などをじっくり眺める楽しみは喪失する。私のような旧世代にとっては、それはかぎりなくさみしい。

書店だけが問題なのではない。版元の販売体制も、再販制と委託配本制に安住しているところがないとはいえない。集金は取次が代行してくれる。それでは販売ではなくて、販送ではないかと皮肉をいったことがある。仕事の大半が取次との接触と大手書店との関係づくりになる。

版元の販売部員にとって、委託制では自分の力で売ったという実感がなかなか得られない。配本調整（配本も基本的には取次の仕事である。パターン配本といって書店別に大枠が決められている）、その修正、あるいは注文の減数（返品が可能なので、書店によっては能力以上に注文するところがある。一〇冊入荷して九冊売るところと、一〇〇冊入荷して九冊売れるところでも、売り上げの絶対額は変わらない。危険負担がなく、いざとなれば返品すればよいので、書店は多めに注文する傾向にある。注文どおりに出荷すれば高返品率は必至である。そこで、いままでの実績に照合して、注文の数を減らす作業をする）という仕事に忙殺されることになってしまう。

取次の機能はつぎのようにいわれている。①物流機能、②金融機能（回収と支払い）、③仕入れ機能、④販売機能、⑤情報機能、⑥ディレクター機能、⑦コンサルタント機能（小林一博『出版業界』教育社新書による）。

しかし私の知っているかぎり、配送と金融の二つ以外はあまり機能していないような印象がある。しかもトーハン、日販という二大取次が全体の八五パーセントを扱っている。かなりの寡占である。膨大な書目をどのように配本するかというだけで、エネルギーがなくなるのではないだろうか。かてて加えて返品の処理。④以下に力を注げない状況になっている。

私は販売を一度も経験したことがない。いま記したようなことも長年の傍《はた》からの見聞でしかない。しかし、本にとっていまの流通機構が最善とはいいにくい、そのことだけはまちがっていないだろう。再販制と委託制をはずすと、たしかに大混乱が予想される。書店、取次、版元、そのいずれもが変化せざるを得ないからだ。倒産もあるだろう。それゆえに、簡単に変えろとはいいにくいところもある。どこかでセーフティネットを張らなくてはいけないだろう。しかし、経済合理性がなくなった制度は、変わらざるを得ないこともまた真実である。

小田光雄『出版社と書店はいかにして消えてゆくのか』（ぱる出版）という、インタビューによる一冊がある。流通システムからみた近現代出版史であり、現状分析であり、教えられることが多かったが、その最後に「委託と再版による出版社・取次・書店という近代流通システムはもう死んでいるという結論になりますか」という質問に答え、こんなことをいっている。

出版社、取次、書店どれをとってもみてももう最終段階に入っていることは間違いない。（中略）明治の出版王国であった博文館を思い出してください。博文館はそれこそ出版社、取次、書店を総合していたにもかかわらず、消滅してしまったといっていい。その理由は買切制にこだわったことも原因だとされていますが、現在では逆に出版社は再販制と委託制によって消滅の危機を迎えようとしている。しかしこんなことをいうと怒られますが、私たちが消滅して読者が困るかといったら、ほとんどそんなことはない。それにすべての本は出されてしまった気もする。

最後の一文はおそらくフライングだろう。そんなことはありえない。しかし、いま流通が危機に立っていることは、共通認識として持っていたほうがよい。直接購読、ウェッブ書店などをふくめ、大転換が近々おこりうる。編集者はそれと無関係ではいられない。出版業界の一時的混乱、縮小はありうるだろう。逆に言えば、それはまた大きなビジネスチャンスでもある。先に述べたが、戦前から続いている出版社は一割もない。それだけ浮き沈みのはげしい世界である。そういう時期に私たちが立っていることを、認識する必要がある。

3　新聞宣伝と書評

新聞の広告欄のかなりの部分は本や雑誌の宣伝である。講談社、約一九九億円、小学館、一五四億円、集英社、一一八億円。これは二〇〇一年の宣伝費である。電車内の中吊り、あるいは雑誌、テレビのPRなどすべてを含んでいるが、二兆円規模の業界にしては、宣伝費の比率はかなり高いといっていいのではないか。

各社の膨大なるアイテム数の刊行物をどのように告知するか。いまのところ大部分を新聞宣伝に頼っている。新聞が最適であるかどうかは、正直いってだれにもわからない。しかし、それ以外の方法が、いまのところ考えられないことも事実である。効果測定が非常にむずかしく、ほとんどが経験則でしかない。

書籍広告でいえば、いちばん効果のあるのは朝日新聞、次いで日経新聞だといわれている（料金も新聞社によって驚くべき差がある）。私の体験もほぼそれに近いが、ものによっては読売新聞やシェアの大きな地方紙が効果を持つこともある。多品目という本の特性は、宣伝の場合にも露呈する。つまり、効果測定の一般論が成り立ちにくいのである。傾向はあるだろうが、確信は得られない。結局、前例どおりということになってしまう。週刊誌が、ある新聞社と記事内容でもめたことがある。新聞社から週刊誌の広告掲載を拒否された。出版社側が逆に硬化して、以後その週刊誌の宣伝をその新聞に出広しないことにした。結果はどうなったか。売り上げはまったく落ちなかった。

これは週刊誌の場合である。では本はどうか。これがなかなかむずかしい。出版の世界には円本時代の大量宣伝、大量販売の伝統が色濃く残っているからだ。一冊の本のために全五段広告を打ち、派手に販売活動する出版社もいまだに存在する。同じ著者の小説が、一方では大規模な宣伝を打ち、別の出版社ではわずかしかやらない。ところがわずかしか宣伝しない方が売れるということすらある。むずかしいものだ。出版社の性格、伝統、あるいは業績などによって左右されるのがこの世界である。それにしても、宣伝の効果測定がもう少し精密になってもいいと思うのだが、これがなんともむずかしい。

近年の出版不況によって、宣伝費総額は削減方向にある。当然であろう。また効果という面から、別な告知方法を志向するところも少なくない。読者リストを完備し、郵送によってダイレクトに宣伝するスタイルの出版社もある。比較的読者年齢が高く、住所の移動が少ない場合には、たいへん有効だという。ダイレクトメールには返信ハガキを入れ、直接注文も可能にしている。講談社、小学館などの規模になると、読者を直接捉まえるのは困難である。なぜなら多種多様な、幅広い分野の刊行物の場合、そのような方法だけではフォローできないからだ。

ＰＲ誌を出す出版社も少なくない。「図書」（岩波書店）「波」（新潮社）「本」（講談社）「本の窓」（小学館）「青春と読書」（集英社）「本の旅人」（角川書店）「みすず」（みすず書房）「未來」（未來社)「ちくま」(筑摩書房)「UP」(東大出版会)などがよく知られている。自社の刊行物の宣伝を兼ねた、エッセイ中心の雑誌である。市販の雑誌に比べて購読料も安い。連載などを単行本にするという役割もある。読者から購読料を振り込んでもらったとしても、郵送費負担程度で、費用的にはペイするわけがない。

ＰＲ誌もひとつの方法ではあるが、すべてではない。要するに汎用性がないという本の特性が、宣伝効果の測定をむずかしくしているのである。結局、よく分からないが、ほかにきわだってすぐれた宣伝手段がないこともあり、新聞を中心にした昔ながらのやり方が踏襲されているのだ。しかし、このままでよいのかというと、誰もが首をかしげる。週刊誌・月刊誌での宣伝も、同様に測定がむずかしい。

新聞、雑誌のほか車内の中吊りなど他の手段もあるが、それぞれ限界がある。一方で、宣伝を打てる出版社はまだゆとりがある方である。大半は、それすらできないのが現実だ。書店店頭の露出に頼る以外にない。しかし、すでに述べたように、みずからの力で売ろうという書店は多くはない。刊行した本に興味を持つ読者がいても、その読者にきちんと届くかどうかはっきりしなくなっている。書評の役割が大きくなっているのは、そのような背景があるからであろう。

ほとんどの新聞が書評欄をもっている。しかも他のメディアの紹介欄にくらべ、圧倒的にスペースは大きい。社会における本の役割の大きさを示している。宣伝が十分にできなければ、なんとか書評欄で紹介してもらえないか。これは編集者の誰もが考えることだろう。とりわけ本の場合、目利きの意見が参考になる。汎用性がない代わりに、ある領域には絶対的な臭覚をもっている人がいるものだ。そういう読書リーダーの案内によって、本の世界のおもしろさを知った人も多い。

もう亡くなられたが、坂崎乙郎という早稲田大学教授がいらした。美術史、美術批評がご専門で、何冊か仕事をご一緒した。一方、坂崎さんは海外ミステリーの大ファンであった。お目にかかるたびに、最近の「当たり」は何ですかと尋ねる。すると即座に、これはお勧め、これはバツといった返事がかえってくる。その意見を参考にすると、本当にはずれがなかった。目利きとはすごいものだと感心した。

本来の書評にはそのような役割があるはずだ。ミシュランの案内のように、星印をつけてくれていいのだが、なかなかそうはいかない。制度的には書評委員を立てる新聞社と、立てない新聞社がある。一長一短があるだろう。毎日新聞のように、丸谷才一さん（丸谷さん没後は池澤夏樹さん）を中心に本好きを集めたところもある（メンバーはあまり交代しない）。朝日新聞はどちらかというと、各ジャンルの専門家をバランスよく集めたいという考えである（何年かごとにメンバーを入れ替えている）。編集者は各新聞の特性や好みを考慮して、担当した本を書評にとりあげてもらえるように苦労するのである。

ふつうはどうしているのか。いちばんものをいうのは、新聞社の文化部・学芸部の記者とのふだんのつきあいである。お互いの情報交換もふくめて日常的に接触していれば、どこか好意をもってくれるものだ。またそのような関係づくりも編集者の大きな仕事である。先方にとっても、編集者は大きな情報源であることはまちがいない。新刊本の中身、学界情報、作家の動向、さらには病気や死の問題まで、編集者がもっている情報も大きい。そのような双務性のもとで、すでに何度も述べたギブ・アンド・テイクの関係が大事になってくる。しかも、お互いに正直でないといけない。書評にふさわしくないものを強引にお願いすれば、信用がなくなる。長い目でみれば、それは大きな損失になる。

書評委員などとも関係やつきあいがあればなおさらよい。ただ当然のこと、新聞は公共性が要求される。ある出版社のものばかり載せるわけにはいかない。同じ著者のものを何度も紹介するわけにはいかない。そのような認識は編集者側が持っていなければならない。

書評にはタイムラグがどうしても出てくる。せっかく書評が掲載されたにもかかわらず、すでに返品されて書店店頭に本がないという事態は少なくない。返品が早くなっている書店の現状と書評掲載の時間差が、これまで以上に拡大しているからだ。読者にとってはもう少し早い時期の書評がほしいところだ。書評執筆者の問題もあり、いうほどにはやさしくないが、編集者サイドとしては掲載スピードがいちばん改善してほしい点だ。

書評以外では、著者インタビューとか、記事扱いにしてもらえると効果は大きい。宣伝より、むしろずっと多くの意識的な目に触れるからである。話題づくりができるとさらによい。『トラウマ』(講談社)という翻訳書を出したことがある。地味なものだったが、あるＴＶドラマで主役が本屋の書棚から、その本を引き出し、立ち読みするシーンがあった。そこからじりじりと数字がのび、五万部を超えるロングセラーになった。タレントの愛読書などというウわさが部数を押し上げることはよくある。

タレント本などは、TVの効果がとりわけ大きい。「徹子の部屋」に出演すると三万部重版は確実、といった神話さえ生まれている。それは読者が自分の目で、本の良し悪しを判断できなくなった証拠でもあり、そのようなPR活動に狂奔しなくてはならない現実は、少々さびしいものがある。しかし、ともかく編集者はそういうところにも力を注がなくてはいけない。

ボードリヤール『消費社会の神話と構造』（紀伊國屋書店）が話題になったことがある。現代思想の難解な用語も頻出し、定価も高く、それほど読みやすい本ではない。しかし評判になり、かなりの部数が売れた。電通を中心とする広告マンが熱中して読んでいるという噂が、部数をあと押ししたといわれている。彼らが読むのだから、後学のために読んでみようと思った読者が多かったのではないか。これも一種のPR、話題づくりの成功の実例である。

書店だけでなく読者の読む力が弱くなっている。「良書でござい」とあぐらをかいていてすむ時代ではない。どうにかしてともかく買ってもらう。そうすればその中の何割かは読むだろう。そのためには読者に本の存在を知ってもらわなければならない。読書空間、読書環境が激変しているからよけい、編集者のフットワークが要求されるのである。

10 人間交際論

1 「面」でつきあえ

すでにくりかえし述べていることだが、編集の仕事は企画から始まり、刊行までをひとつの区切りとする。しかし、そこで終わるわけではない。著者とのつきあいに終了はない。エンドレスである。ところが本を刊行したあと、その著者との関係を切ってしまう編集者が少なくない。あまりはかばかしい成果が上がらなかった場合に、そのような選択が多い。しかし、それはまちがいだと思う。人間的交誼だけでなく、編集者という仕事の側面からいってももったいない。せっかく自分の財産になる著者を、みすみす捨ててしまうことになるからである。

売れる、売れないという予想はむずかしい。たまたま不幸な結果を生むこともある。著者の責任だとも、編集者の責任だともいいきれない。時の運ということもある。お互いに誠実で、正直でさえあれば、売れ行きの悪さはその後のつきあいに支障をもたらすはずがない。もう一冊、新しい企画にチャレンジする機会だってあるだろう。あるいは逆に、本は作らなくてもお互いのシンクタンク、ソフトとしての相互利用も可能であろう。

新書の編集部時代、北海道大学の田中彰さん（のち名誉教授。二〇一一年没）に『岩倉使節団』という本を書いていただいたことがある。田中さんがハーバード大学にサバティカル（研究休暇）で行かれたとき、板坂元さん（現代新書で『考える技術・書く技術』など次々とベストセラーを刊行していた）と親しくなられたことが、企画の始まりだった。同じ部の先輩のAさんが担当するはずであった。ところがその直後に異動になり、私が後任ということになった。女性が担当ということで引き受けたのに約束違反だと、そのあと田中さんに責められた。

それはともかく、『岩倉使節団』は刊行後、高い評価を得た。ただ残念ながら、たしか五刷ぐらいで止まってしまったのではないか（その後、岩波の「同時代ライブラリー」を経て、「現代文庫」の一冊として読まれている）。新書はできたらロングセラーになってほしい。ながく読みつがれることが第一目標である。一回あたりの重版部数は少なくても、二五刷りとか、三〇刷りなどというのはそれほど珍しくない。しかし、昨今の新書合戦で、そのような常識は崩れてしまったようだ。いまは売り切れ仕舞いの様相になっている。

著者と出版社には相性のようなものがある。中公や岩波の新書で、田中さんの著作はいくつもロングセラーになっている。近代史と中公、岩波は性が合うのだろうか。残念ながら講談社とは思ったほどうまくいかなかった。

話はここからである。結局、田中さんとはこの一冊しか仕事をしていない（後年、先生の代表作のひとつを「学術文庫」に入れさせてもらった）。しかし、編集者と著者の関係はその後も続いた。お手紙や著書をいただいたりする。またこちらからも社の刊行物をお送りしたり、いただいた本の感想などを手紙にする。田中さんからの質問や、いろいろなご依頼にも協力をする。東京にいらしたときなど、お目にかかることも多かった。

すでにいっていることだが、結果的にギブ・アンド・テイクになっていたのだろう。まあ、正直いえばこちらの方が恩恵を多くいただいている。とりわけ学界情報や研究動向を、第一線の視点で教えていただけるのは、編集者としてはありがたかった。人物評価から、学問のあり方、当該の研究者の得意・不得意まで、率直に教えていただけるのである。ついつい甘えて何度も電話で情報をいただいた。私にとっては、田中彰というすごいシンクタンク、ソフト、あるいは生きた歴史大事典のような存在を、身近に持っていたことになる。

編集者はハードディスクみたいなものである。いかに外側に豊富な優れたソフトをもっているかが、編集者の価値を決める。自分の能力などたかが知れたものだからである。著者というとびきり優れたソフトを、一回の仕事で終わりにしてしまうのはもったいないではないか。田中さんはひとつの大変ありがたい実例である。編集者はいざというとき、大事なソフトに変貌してくださる著者をたくさんもつことだ。

若い編集者には、つねづね「点」でなく「面」のつきあいをすすめている。著者と編集者はたしかに、原稿を書く・書いてもらうという「点」のつきあいから出発する。しかし、依頼の章で述べたように、執筆というつらい作業は、「点」だけですませようがない。どうしても人間のさまざまな「面」での関係ができてくる。そこではじめて本当のつきあいが生まれるのである。ところが、このごろの多くの編集者は、「面」でのつきあいができなくなっている（どうも最近の若い者はという口ぶりになっていて、いささか恥ずかしい）。仕事のはなしが終わると、「ではさようなら」とすぐに帰ってしまう人が多くなった、と著者からよくいわれる。ビジネスライクなのだろうか、それとも編集者気質が変わったのだろうか。

たしかにコンピュータの導入などによって、近年の出版社は全般的に忙しくなった。刊行点数も激増している。それは否定できない。しかし、もう一方で、どうも人間性も変化したのではないか。そう思えてならない。もしそれが時代や社会の一般的傾向であるとすると、おおごとである。

現代は少子化の時代である。実際にある大学で訊ねたところ、兄弟が三人以上の学生は一〇パーセントに満たなかった。大多数が二人である。一人っ子もかなりの割合を占めていた。

雑駁な想像になるが、兄弟がそれだけ少ないと、幼少期に子どもとしての欲求はそれなりに満たされるだろう。むかしは兄弟も多かった。「欲しい」といった自己表現を通して、親なり兄弟にアピールしなければ、コミュニケーションがとれなかった。つまりなかなか聞いてもらえなかった。ところがいまや、親の方が先に子どもの気持ちを想像してしまう。黙っていても欲望はかなえられる。著者とのつきあいがうまくできないのは、小さい頃からの環境、習慣によるところが大きいような気もする。

無理してコミュニケーションをとらなくてもすむはずだ。親が先回りして面倒を見てくれるように、著者の方から何かいってくれるだろう。そのような気分が編集者にあるのかもしれない。しかしじつは、著者の方も同じ環境である。そうすると編集者と著者の間で、はなしは進まないことになる。やや粗い仮定上のはなしではあるが、そうなったら編集者という職業の将来はまことに暗い。

少子化ともかかわるが、路地や原っぱという、子ども同士が交差する場所が喪失したことも大きいのではないだろうか。学校のヒエラルキーだけではない空間秩序が、路地や原っぱにはあった。勉強はできないが腕力、体力のあるタイプが、そこではリーダーである。まさに上級生、下級生入り乱れてのつきあいがあった。成績という一元的な「点」だけのつきあいではない。貧富の差、通信簿の差とはちがう上下関係も成立していた。

ところがいま、友だちは学校に限定されている。みな同い年である。学校では成績以外の評価はなかなかできない。結局、成績がものをいってしまう。まったく異なった環境の友人など生まれようがない。しかも競争激化のせいで、同じ環境にいる者同士はすべてライバルになる。はじめに述べたように、出版業がブランド化してきている。結果として、偏差値の高い若者が多く入社する傾向になる。彼らには「面」のつきあいの経験がない。「点」のつきあいになりがちなのも理解できないわけではない（個人的には学生運動の消滅が路地の消失と類似していると思っているが）。しかし、それでは編集という仕事はうまくいかない。

社会全体も合理化がすすんでいる。自分の背負っている部分的な機能だけで相手を判断してしまう。人間がもつ多様な側面を見ようとしない。会社、役職、学歴といった限定された機能が全体を覆うのは、そういう風潮の分かりやすい一例であろう。つまりお互いに、異なった機能を交換する能力が減退しているのだ。

学歴はないが大知識人、癖はよくないが名文家、学問はたいしたことはないが人望があり学界のリーダー。このように人は多面的なのだ。編集者はそういう著者とつきあうのである。ある一点だけで著者とつきあうのではない。人間としての著者とつきあうのである。世界的に業績のある方が女性問題で苦しんでいる場合もある。借金で評判を落とす学部長もいる。それらを分かった上で、編集者と著者の関係は成立するのである。

仕事がら、編集者の自伝・回顧というジャンルのものをよく読む。多くは文芸編集者の手になるものだ。作家とどのようにつきあったかという記録がほとんどである。終始一貫、文壇史周辺の覚え書きなのである。それはそれで貴重なのであるが、そういうものを読むたびに、売れ行きとか装丁とか宣伝といった編集・販売上の問題に無関心なことに驚く。それはそれとして、文芸編集者のつきあいは、人文・学芸といったノンフィクション・ジャンルの編集者よりもっと濃厚で、人間的である。

2　他人の力を借りる

関川　いまの学生に特徴的なのは、紳士的というのか、人の心を傷つけたがらないこと。そこはものすごく慎重で、距離を上手に置く。それから文学青年が消滅したこと。利いた風なことを言う人がいなくなった。これはすごくいいことです。そのかわりに自己表現青年がたくさん出てきた。
粉川　その自己表現青年たちは新しい文学青年になるんですかね。
関川　ならないでしょうね。とにかく他人の表現に興味がないですから。バックグラウンドに差がないですから。バックグラウンドに差がないから珍しさがないし、葛藤もない。小説を書くというワークショップ的な授業でも、積極的に書いてくるんだけれど、多くは「私ってこういう人なの」になりがちです。（中略）全体的に感じるのは、自分のことを書くのは熱心だけれど、物語とか文学的世界のなかに、別の世界、別の人を見ようとしないことです
（座談会／粉川哲夫・関川夏央・加藤典洋「新しい読書の習慣は生まれるか？」、「本とコンピュータ」二〇〇二年秋号所収）。

現代の学生の話であるが、これはそのまま最近の編集者像にもあてはまる。自己顕示がないと

はいえないが、編集者は基本的に著者の仕事を通して満足・不満足を味わう種族である。ときには酔った勢いで、「あれはおれがいなかったら出なかった」などと叫ぶ手合いもいるが、大筋では自分が黒子であることは承知していた。つまり編集者は陰の仕事なのである。自己顕示の跡が見えたら、恥ずかしいと思うのが常識であった。だからこそ自分でなく他者、つまり著者に特別の関心を寄せたのである。著者が評価されれば感激し、売れればわがことのようによろこぶ。それが編集者であった。つまり編集者の「われ」は、多数の著者に囲まれ、支えられてできあがったものである。

ところが、編集者が他者＝著者にそれほど関心を寄せなくなった。どういうことになるだろうか。もちろんこれは少々オーバーにいっているのだが、以前にくらべ著者に対して「おせっかい」でなくなってきている。つまり親切ではない。ほれることも少ない。原稿に感想をいったり、関係のある文献を探したり、あるいはその著者に関する記事が出たら送ったり、ともかく著者のために何かすることが編集者の仕事であろう。ひょっとしたら、必要以上のことなのかもしれないと思っても、しかし、そのような努力が著者のこころを打つのである。こんなにも一所懸命に支えてくれる編集者のためにも、いいものを書かなくてはと思う。

批評も同様である。少しきつい注文をつけ、改稿をお願いしても、日ごろからつきあいが成立していれば、著者も納得するだろう。ところがそのような日常的つきあいがない場合（つまり「点」でのつきあいだけの場合）、一度関係がこじれると、修復がむずかしくなる。現代の編集者は、著者は仕事を依頼され承諾した、だから期日までに書き上げる義務がある、そういう形式的な発想がどこかに潜んでいる。つまりビジネスだというのである。たしかに根本にはそういう面があるかもしれない。しかし、執筆活動は「そういってしまったらおしまい」のところがある。ビジネスだけでなく、よい本を生み出したいという願いを共有するから、編集者と著者の特別な関係が生まれるのである。契約という観点だけでとらえれば、ほかの商品をつくることと変わらなくなる。

編集者だけでなく、著者の気質も変化している。著者という役割を固定したがることが多い。原稿は私の責任で書く、だから絶対に直さない、などという著者もいる。私は専門家である、素人である編集者が何をいうか、というような方がいないわけではない。これもピンポイントでしかつきあえない悲劇のあらわれだろう。困ったことに、このような傾向の減少するきざしはない。

カウンセラーの友人がいる。毎日こころに傷をもつクライアントの相談を受けている。その彼に聞いたことがある。多種多様な悩みとどのようにつきあうのか。彼のはなしでは、具体的に対応してはいけないという。カウンセラーは鏡でよい。つまり、クライアントがいろいろなことをいうと、「それで、あなたはどう思うの」と問い返すことが基本だというのだ。悩みの内容に立ち入ったら、それこそ泥沼になる。悩みや病いはみずからの力で解決しなくてはならない。鏡は比喩であるが、なるほどと思った。鏡に照らすことによって、クライアントは自力で自分を確立しなければならない。どうも編集者と著者の関係に似ていないだろうか。たしかに編集者は専門家でもなんでもない。しかし、読者の代表として最初に読むという役割が存在する。信用すべき鏡といってよい。

「私」のみが拡大・増殖しすぎると自家中毒になる。このごろ、みずからを恃《たの》む人が多くなった。自信のあるのはけっこうであるが、一方、自己相対化ができず、自家中毒におちいり、挫折してしまう人間も多い。たかだか編集者ではないかというのだが、いまの若い編集者は自分をエリートだと思っている。偏差値秀才の誇りが許さないのだろうか。他者を通してみずからも太るという道を、なかなか選択できない。

能力が高くなったのは悪いことではない。しかし、もう少し他人の力を借りてもよいのではないか。なぜそれができないのだろう。他人の目を通すと、ひとつは仕事を相対化できる。歴史とか過去というタテの流れ、あるいは友人やちがう環境の人間といったヨコの広がり。そのなかで比べることによって、自分の位置や仕事が確認できる。その結果、たくさんの栄養を得ることができる。自家中毒になりようがない。

もうひとつはもっと端的でわかりやすいことだ。他人の力を借りた方が楽であり、能率的であり、経済的である。「私」は他者という外部を通過して豊かになる。著者にとって編集者は、だから必要なのである。逆もまた同様である。それがギブ・アンド・テイクの原則である。

3　本と「つきあい」の共通性

かつて感動した一冊に谷川雁『工作者宣言』（現代思潮社）という評論集がある。その一節に、工作者は「前衛には大衆の代弁者、大衆には前衛の代弁者」という有名なフレーズがあった。工作者という概念はとても新鮮だった。年代物を引っぱりだしていささか気恥ずかしいが、もじっていえば、編集者は「著者には読者の代弁者、読者には著者の代弁者」でなくてはならない。

なぜそうでなくてはいけないのか。それはやはり、よい本をつくりたいという思いが根底に存在するからである。よい本の定義は千差万別であろう。それでよい。自分が考えているよい本のために何ができるか。編集者の初心は忘れてはならない。そのような「思い」がなかったなら、編集者はそれほどおもしろい職業とはいえないだろう。おおむね金銭的に恵まれているとは思えない。要するに仕事をとおして価値を実現し、それによって何かに貢献できる、また貢献したいと思うところから、編集者は出発している。

著者とのつきあいが「点」ではなく、「面」がよいというのもそこからきている。たんに自分にメリットがあるというだけではない。つきあいを通して多様な関心が広がる。あるいは多様な人間関係が生まれ、それによって何かに、どこか時代や社会に寄与できると思うからである。

編集者は触媒だともいわれる。たしかに著者の才能が編集者によって開花することがある。それは大きな使命だし、よろこびだ。触媒の意味はもうひとつある。編集者が自分の存在を通して、さまざまの人間を関係づける側面である。それももうひとつの大事な役割ではないか。

つきあっている人間は、異なる業種、先輩・後輩、マスコミ同業者、放送・音楽界、大学関係者、販売・宣伝・書店……、なんでもありである。そういうことは、編集者には専門がないからできることだ。「点」の関係でない証拠である。極端なことをいえば、すべて素人として発言してよい立場にあるからである。それは大きな職業上の特権かもしれない。

だから編集者を通して、ネットワークを作ることが可能になる。もちろんネットワークは自分自身のシンクタンクでもあるが、そこで作られた新しい関係から別の創造が生まれるかもしれないのだ。編集者は市場《いちば》のようなものだ。そこにくれば何かが見つかる。おもしろい人に出会えるかもしれない。いつの間にか商談が成立するかもしれない。そういう可能性の場としての編集者であるべきだろう。

編集の仕事を考えてみると、ムダの集積のようなところがある。何ひとつ具体的ではないからだ。執筆者、校正者、印刷・製本、デザイナー、書店員などはいなくてはならない。それはよく分かる。では編集者は何をしているのだろう。結論をいえば、ムダだからいいのである。潤滑油といってもいい、無用の用といってもいいだろう。

つきあいということばには功利性を感じない。目的性が強い場合、たぶんつきあいとはいわないだろう。編集者は著者とムダばなしができなければいけないといった。なんとなく会っていれば、時間がたってしまう関係、会話が成立する関係。直接的な利害関係から離れているがゆえに、将来的にかえって大きな利益が生まれるかもしれない、生まれないかもしれない。どちらにしても、そのつきあいはおもしろい。だからつきあいが続く。それが編集者の人間交際論の考え方の基礎なのである。

編集者の「面」でのつきあいは、どこか本の読まれ方と似ている。本の愉しみ方は、単一ではない。村上春樹『ノルウェイの森』で、人生や青春を考える読者もいるだろう。文章を味わう青年もいるだろう。またSEXシーンでどきどきする少年だっているはずだ。私もむかし、ヘッセの小説に後者の愉しみを覚えたことがある。

現実逃避、退屈しのぎ、情報獲得としての読書はすべて別のものに代わられたという、加藤典洋のきびしい指摘がある（前掲鼎談、「本とコンピュータ」二〇〇二年秋号）。しかし、と加藤はつけ加える。たしかに現実逃避にはレンタルビデオ、退屈しのぎにはゲーム、情報獲得にはインターネットなどが目的にかなっている。効率もいいかもしれない。まだるっこしくない。よけいな手続きがいらないからだ。しかし、それはみな「点」の楽しみでしかない。ポルノを読みたいなら、それ専用の本屋にいけばよい。そういう考え方である。しかし、どきどきしながらヘッセを読み、いつの間にか主人公に同化し、小説そのものに感動してしまうという多様な価値や、別な愉しみが見つかる可能性を、それらは持っていない。そのようなよろこびは「それ専門の本やメディア」からは得られない。

本は目的が多様であり、あいまいである。ムダなところも多い。スピードが競われている現代では、他のメディアに比べ見劣りしてしまうのは、情報量という観点からいっても否定できないかもしれない。しかし、本はまさにその一見ムダな部分、よけいなところに存在価値があるのである。

それは人間の五感に似ている。私たちは外界のあらゆるものに感応している。いや、そういういい方はよくない。私たちはそういう外界に包まれているのである。はじめから、これはムダな音、ムダな風景、ムダな匂いといって制限し排除したら、人間としての意味そのものが消失してしまうだろう。当面はムダであっても、もしかしたらあとになって大きな意味を持ってくるかもしれない可能性をつぶしてしまうだろう。短期的な目的に沿って作られた音、風景、匂いが、いかに豊穣さから遠いか、私たちは知っている。しかし、社会はそのような功利的、効率的な方向へ向かっていることはまちがいない。

携帯電話などその最たる例だ。便利かもしれない。なぜなら相手が特定されているからだ。「もしもし」がなくてすむ。「○○さんのお宅ですか」がなくてすむ。「私は××の△△ですが、□□さんいらっしゃいますか」という挨拶が消えてしまった。電話の前口上はムダということになってしまった。

これはひとつの実例であるが、携帯電話に象徴される合理化（?）はいたるところを覆いはじめている。つまり総合的な機能を分化、特化し、誰でもが簡単に扱いやすいように作りかえているのである。人間はそれに慣れてしまい、逆に個別の対応しかできなくなる。
ファーストフード店の接客マニュアルは、客との対応方法をじつに細かく記載してあるという。しかし、それは店頭での約三分間の事態だけが想定されているそうだ。マニュアルに記載されていないことが起こったときの周章狼狽ぶりは、傍目《はため》からみても気の毒だという。私たちの生活全体が、ファーストフード店のマニュアル化してはいないだろうか。

大学から教養学部がなくなってしまった。専門にはやく特化した方が効率的だという。論文の数によって教授ポストが左右される。学問も二世が有利になる。しかも親の専門を引き継げばさらによいという。資料から人間関係まで、そのメリットはたしかに大きいだろう。しかし、それはとてもさみしいことだし、一方で、少々恐ろしい感じさえする。まったく開放的ではない。その生き方は携帯電話のように閉ざされてはいないだろうか。教養学部に象徴されるように、いままでは人間相互の共通基盤が存在していた。その上で、異なったものが出会い、ぶつかり、結果として新しい関係が生まれた。ところが共通の土台がなくなってしまった。衝突すらできなければ、すれ違うだけになる。

編集者と著者の「つきあい」も、すれ違いが多くなっているのではないだろうか。「点」でうまく合わなければ終わりになる。もし「点」で出会っても、それ以上に関心をもたない。その著者の別な可能性に目を向けることをしない。一見、合理的かもしれないが、長期的にはたくさんの可能性を、その場で捨て去っている気がする。

教養学部や路地や原っぱの消失は、みな同じことを意味している。いままであった、本を読み、本をつくる空間が土台から変わりはじめているということなのだ。なぜ編集論の一章に、つきあいや人間交際といった、これまではとるに足らないと思われてきた当たり前のことを取り上げるかといえば、このようなことを自然に身につける時間や空間がすでになくなってきているからだ。編集の基盤に人間同士の「つきあい」があることを、あえて先輩面していわざるを得ない状況は、文化の問題としてかなり深刻である。

11　本に未来はあるか

1　本はどうなってゆくのだろうか

紀元前三〇〇〇年ごろ、パピルスによる紙が発明され、紀元後二～三世紀には冊子体の書物が出現した。その後、十五世紀中ごろ、グーテンベルクによる印刷革命がおこり、以来今日まで、活字文化の繁栄を、私たちは長らく享受してきた。ところがいま、電子メディアの出現を眼前にし、活字文化の将来に不安をいだかせるような状況が到来している。

文化庁の調査によると（「朝日新聞」二〇〇三年六月二〇日）、「一カ月に何冊本を読むか」という質問に対し、「まったく読まない」が三七パーセントに上るという。本が魅力を失ったのであろうか。

漫画週刊誌すら売れ行きは長期低落傾向にあるという。このまま紙媒体は消滅してゆくのだろうか。私はそうは思っていない。現実逃避、退屈しのぎ、情報獲得という、いままであった本の役割、効用が、ビデオやゲーム、インターネットにとって代わられてしまったことは前章で紹介したが、もうひとつ大事な役割にはふれなかった。本と向き合うことで人間は論理を展開することができるという効用である。私たちはことばによって生きている。ことばをはなし、書き、読むことによってみずからを表現せざるを得ない。その原点を考えれば、活字＝本が消滅するわけがない。

現在の出版業界と出版物の不振の理由は大きく分けて二つある。ひとつは前に述べた、メディアの多様化によるものである。車内風景に象徴されるように、本の独占的立場が崩れた。しかし、そのままイコール消滅ではない。もうひとつは、佐野眞一『だれが「本」を殺すのか』（増補版、新潮文庫）が広く世に知らしめたように、本をめぐる環境レベルの劣化現象である。それはすでに多々述べてきたところである。出版社の編集・販売、取次、書店……、それぞれが問題を抱えている。そのことが読書の愉しめる空間をひどく劣悪にしている。編集の観点だけからいっても、おもしろさ、文化的価値のいずれをとっても、読者に提供される本のレベルは下がっているのではないか。もちろん原稿の供給元である執筆者の劣化も、忘れてはいけない。大げさではなく、出版の現況は現代日本そのものを示していよう。何とかしなくてはいけない。

はなしを戻せば、いままでのような出版界全体の売り上げ規模はむずかしいかもしれないが、業界の構造改革がすすめば、本そのものの再生は十分望めると私は思っている。不合理なものが続くわけがない。変化しなければならないものがある。まず取次、書店という流通問題であろう。

それについてもすでにふれた。

構造改革のほかに私たちを襲っているのは、電子情報の浸透である。電子メディアのなかでも、出版社に関係するのは電子書籍、電子ペーパーの出現であろう。いままでは電子書籍というと、読書人にはとうてい耐えられない代物であった。普及するとは思えなかった。しかし、技術は進歩する。近年開発されたマイクロカプセル型電気泳動ディスプレイは、細かいところまで読める商品になりつつある。

そこでまず驚いたのが、表示される文字のコントラストの良さです。コントラスト、光の反射率とも、電子ペーパーはすでに新聞紙をはるかに抜き、普通紙と同じレベルにきています。従来の液晶ディスプレイは、ちょっと斜めから見たりすると、すぐ見にくくなってしまうという欠点があります。ところが、この電子ペーパーはほとんど180度、どこから眺めても同じように文字が見えます。解像度も一般的なディスプレイより高精細で、将来的には細かな字まで表示できるようになります。これほど高精細な電子ペーパーを使うと、従来とはまったく異なった新しい電子ブック端末を作ることが可能になってきます（立花隆「知の巨人『本の現在と未来』を語る」、「現代」二〇〇三年六月号所収）。

私も立花より少し前に実物を見ている。いままでの画面とは精度がちがう。技術の進歩は想像以上に早いので、実用化は早いと思えた。もしそれが読書空間に参入してくると、どんなことが予想されるだろうか。立花は、インターネットを使って紙面を配信すれば、現在の配達システムなしで新聞の最新版がまるごと読め、それはテレビより先をゆくメディアになるかもしれないとまでいっている。あるいは電子雑誌端末で、オンラインで売られる雑誌をみんなが「ジャンジャン」読む日がくるかもしれないともいう。本においては、多様な電子書籍端末を持って、目的に応じて使いわけるようになるだろうと、次のように断言する。

当分の間、電子ブックは紙本と共存共栄してゆくが、やがて、電子ブックの機能性、情報の速さ、内容の充実、価格の安さが評価されて、紙本を圧倒していくだろうと思います。

立花のように、それですべてうまくゆくとは思えないが、もし浸透すれば、あっという間に普及するだろう。

電子書籍とは異なるが、すでにアメリカではネットライブラリーがかなり発展しているという。二木麻里の報告によれば（「本とコンピュータ」二〇〇二年秋号）、アメリカ、カナダなど英語圏の二四〇の出版社・図書館などと契約し、七万点を超える資料をそなえた「クェスティア」というベンチャー企業が発展しているという。人文科学・社会科学系の文献が四万五〇〇〇点以上、雑誌の記事が二万五〇〇〇点以上あり、人文・社会科学系の学部生にとって、必要な本が揃う図書館になっている。

デジタルで放出する出版社側には当初、警戒感は当然強かったという。しかし、契約をむすべば、デジタル書籍が一ページ閲覧されるごとに著作権使用料が入る。少数在庫や、絶版本が多く含まれていたので、収益の安定につながってくるというので理解は得られているらしい。利用料金は月額で一九ドル九五セント、年額で一一九ドル九五セント。日本でもこの方向はすすんでゆくに違いない。

出版という問題から考えると、これらの事態をどのように捉えればいいのだろうか。立花は本というメディアを、多く一義的な情報という観点から捉えている。その意味に限定すれば、事態の推移の大筋はまちがいないだろう。しかし、本はよけいな部分をかかえた多義的であいまいで、それゆえ豊かな空間をもっている。そういう本の特性にはあまり配慮がない。そのことがまず引っかかる。また、オンライン・ライブラリーは既刊書がほとんどである。新刊書はどのようになっていくだろうか。コストの分担もふくめて考えると、すべてすんなり電子ライブラリーに移行するとは思えないのである。

むかし山本七平さんにうかがったことがある。日本の出版の優れているところは幅の広さがあることだ。学術的なものから劣悪なものまで、すべてが本と呼ばれ、書店に同じように並ぶ。欧米にはそれほどの多様性や幅はない。出版社も、大学出版会とハーレクインロマンスに代表される大衆的な出版社に、はっきりと分かれている。読者も分かれている。ヘアヌード満載の週刊誌を刊行している出版社から、「現代思想の冒険者たち」という哲学・思想シリーズが刊行されることはありえないのである。

書店も、出版社も、読者も、軟派から硬派まで無限に抱擁できるキャパシティが、日本の出版界にはあった。それが日本の公共性を作り、ひいては強さになっていたのではないか。新書・選書に象徴される中間的文化的好奇心は、どこの国にも負けない強さのあらわれである。いきすぎや、ムダはあるかもしれない。しかし、活字に対する人々の貪欲さが、日本の近代、戦後、そして現代までの活力のもとになってきたことはいうまでもない。おそらく読者、著者をまきこむ共通基盤は、そのような本がもつ幅の広さによって支えられ、かつそれによってまた、より基盤を広げたのではないだろうか。そんな意味のことを山本さんはいっておられた。良書・悪書などと区別する狭量な見方をこえて、それらを包み込んでしまうエネルギーが出版の空間全体に存在していたのである。

電子書籍や電子ライブラリーには、本が秘めている、そのようないわくいいがたいパワーがないような気がする。前章でもふれたが、やはりそれらはどこか閉鎖的であり、かつ効率主義的ではないか。本のもつ総合性を消滅させながら、それらはすすんでゆくような印象がある。つまり、読書空間全体に充満しているはずのプラスαがみえないのである。

2 変わりゆく編集作業

著者には著作権がある。それはよく知られていることだ。同時に出版社には出版権があり、印刷所には版面権があると考えられている。今まで述べた編集上の仕事にともない、原稿のチェック、校閲（内容のチェック）・校正（文字・文章のチェック）、本としての体裁、販売・流通に責任をもつことによって出版社が主張できる権利を出版権という。著者は著作権があるからといって、ある出版社から別の出版社にその本の戸籍を移すわけにはいかない。契約期間終了後や、お互いの了承の上でしか、それは認められていない。

版面権には、法的に認められるかどうか、はっきりしないところがある。ただ印刷会社は、これを強硬に主張している。印刷作業には創造性があり、その権利はあるはずだというのだ。もしそこに権利がないとすると、売れている本の印刷所を、突然出版社の都合で変更することも可能になる。そういう事態を防御する意味もあるのだろう。現実には版面権についてトラブルはほとんどない。つまりいまのところ著作権、出版権、版面権というかたちで、著者、出版社、印刷所の間に、権利の棲み分けがきちんとできているのである。ところがコンピュータの発達により、面倒なことが起こってきた。

京極夏彦という作家がいる。擬古的な文体のミステリーで人気があり、山本周五郎賞などを受賞している。聞くところによると、自分のパソコン上で目次からレイアウトまですべて手がけてしまうのだそうである。ゲラの訂正も自分でやってしまう。もともとイラストレーター出身である。装丁も当然、自分でやろうと思えばできてしまう。こういった場合、出版権を、出版社はどこまで主張できるのだろうか。さらに印刷所の権利は、出版社以上に怪しくなってはこないだろうか。もちろん作品の出来・不出来という内容の点で、編集者は関与する。校閲・校正という面でも、出版社に権利は生じるだろう。しかし、以前に比べ、出版社がその作品成立に関与する割合が減っていくことはまちがいない。

まして、コンピュータの画面上でかなりのことまで処理できるＤＴＰ（Desktop Publishing）が、いま以上に発展すると、組版についての印刷所の関与部分はゼロにちかくなる。当然のこと、印刷所が版面権を主張できる根拠は失われる。また著者の方に編集機能が移った場合、出版社も変貌を余儀なくされるのではないか。とりわけ、先に述べた電子化がすすむと、出版社にはダイレクトに配信する機能さえあればよいということになる。つまり、今の規模の出版社が必要なくなることも想像される。

大沢在昌、宮部みゆき、京極夏彦という作家の共同事務所がある。彼らは当代きっての人気作家たちである。刊行できる順番を各出版社が待っているというのが現状である。このような作家たちが共同でひとつの事務所をたちあげると、宣伝、販売方法、初版部数などは、作家との個別交渉でなく、契約を代行する事務所との交渉になる。いままでの力関係もかなり変化してくる。

実状はよく知らないが、事務所の発言権がつよくなることは容易に想像できる。極論をいえば、出版社は原稿をそこから供給されるにすぎなくなる。まだ作家とつきあう編集者が出版社の社員であるから、事務所側が出版社より完全に優位とはいえないだろう。しかし、もし事務所が編集者機能を持ちはじめたら（簡単にいえば編集者を自前で雇用すれば）、出版社の発言力はほとんどなくなる。人気作家なので、これはやや特殊かもしれないが、ともかく出版社は、電子書籍といった技術の進展以外からも問題を投げかけられているのである。

欧米ではエージェントが発達している。作家を抱えるエージェントが、すべて責任をもって出版社と交渉するケースが多い。もちろん出版社の編集者が自前で原稿をとってくる場合もあるだろうが、エージェントが完全に機能すれば、出版社はできあがっている原稿を読み、それの価値や売れ行きを判断するという仕事に限定されることになる。そういうふうになると、一冊に初めから最後まで関わるという編集作業は、あまり必要なくなってしまう。エージェントと出版社に、仕事が分化してしまう。編集の仕事も個別化され、細分化されることになるからだ。このように編集者も変貌せざるを得なくなるかもしれない。

日本の出版文化が揺らぎはじめていることはまちがいない。ただ機能は分化されようとも、個別化されようとも、これからも編集という機能はなくならないし、必要であることはいうまでもない。しかし、出版社を中心にしたシステムが変わることは予想しておいてよいだろう。そのことは逆に、大きなビジネスチャンスが生まれるということでもある。本書の冒頭でも述べたが、戦前から続いている出版社は一〇パーセントにも満たない。出版界は変動が激しいのである。状況に応じられる合理性を持った出版社だけが生き残れるのは当然のことだ。コミックの売り上げ低落から始まっているこの変化は、想像以上に大きいかもしれない。

3　村上春樹の実験

二〇〇二年のベストセラーの一冊に、村上春樹『海辺のカフカ』（新潮社）があった。私も読んだが、ついつい読ませてしまう力がある。さすがだと思った。しかし、内容もさることながら、編集の立場からいうと、そこから派生した、『少年カフカ』（新潮社）という、雑誌とも書籍ともつかないものの刊行の方が衝撃であった。

少年コミック誌に模した表紙、大判の判型、いずれもがいままでの常識を覆していた。『海辺のカフカ』の読者との一二二〇通にのぼるメールのやりとりを収録したものだが、私はこれを読んで本当に感心した。ホームページに公開されているやりとりは他者も読める。限定されてはいるが、そこに議論の場が成立している。しかもそれを、より不特定多数の読者に向けて、もういちど活字媒体で刊行する。見事な発想である。

もうひとつ驚いたのは、このプランが著者である村上春樹から提案されていることだ。それにも感嘆した。編集者顔負けのアイディアである。このような努力や工夫があれば、まだまだ本は読んでもらえると、『少年カフカ』を読みながら強く思ったのである。読者は存在している。意を強くしなければならない。出版社も、編集者も、著者も、さらには書店も、じつは努力が足りなかっただけではないだろうか。そう反省させられたところが多い。

個々の内容を紹介するスペースがないので残念だが、一三歳から高齢者までのじつに多様な読者の感想もおもしろいし、また村上春樹の洒落た返事も読みごたえがある。ここにあるのは、本というメディアがいまだ十分息づいているという事実である。

読者は『海辺のカフカ』のさまざまなところに感応する。高松に住んでいる人が「うどん」に反応したり、作中の「大島さん」は存在するかどうかを問うたり、残酷な場面や暴力的な場面、性的描写が執拗に書かれ、何度も吐きそうになってしまったというメールなど、読むという行為が千差万別であることをあらためて確認した。作品に対する批判もある。それに対して、村上は目をそらしていない。本と向き合うことで、読者がそれぞれ論理を展開できるという、その格好の実例がある。一二二〇通のメールと返事を読んでいると、他のメディアにくらべ、読書がいかに力をもち、他者を動かせるかがよく分かる。

インターネットという限定された閉鎖的ツールが、逆に生きているのだ。本は不特定多数と不特定多数をつなげる役割がある。本を媒介にして話題が展開することは、よく経験することだ。本のツールとしての特性を、私たちはもう一度認識する必要があるかもしれない。編集者も、出版社も、書店も、このようなことに無関心すぎた。よい本は黙っていても読んでもらえるという地点から動こうとしなかった。読者を放り出していても、リピーターとして書店を訪れてくれると、楽観していた。しかし、他のメディアの発展や新しい刺激も加わって、じつはなかなか来てくれなくなっている。読書は習慣性の要素も強い。一度足が遠のくと億劫になる。その結果、出版社や編集者は、読む力の低下を嘆くことになる。それは何も手を打たなかったことから来る嘆きかもしれないのだ。

村上春樹の行為は、少なくとも読者をつなぎ留めている。読者の大半は、おそらく次の村上春樹の著作を購入するだろう。しかも『少年カフカ』にはしっかりと、これから予定されている著作物のPRも、著者自身のメッセージ付きで告示されている。けっこう戦略的なのである。流通の問題もあって、いまや読者は新刊が出たのかどうかなかなか分からない。他のメディアが強くない時代であれば、雑誌や新刊を待ち焦がれている読者も想像できるかもしれない。しかし、あらゆるものが氾濫している現代は、情報過多のように見えて、じつは情報過疎になっている。そのことに村上は気づいている。

読者が自力で本を探す力が弱くなっている。そういうことに対しても、村上はフォローしているのだ。講談社現代新書はカバーの袖に関連書目を載せている。杉浦康平さんのアイディアだと聞いている。読者は、そうか、こういうものが他にもあるのかという情報を、そこで得ることができる。ネットで本を検索すると、関連書目や書評がつながってゆくようだが、それは、おそらく現代の読者の状況を熟知しているからやっていることだろう。ある本を購入し読む意志のある読者を、次のものに向かわせる努力は、村上的手法以外にもたくさんあるにちがいない。

以前、奥付の前あたりに読者に向けて、この本を読んだら次にこういう本がありますよと、編集者のメッセージを入れようという提案をしたことがある。自社の本だけでなく、他社のものが入ってもよいのではないか。読者と編集者の距離が縮まることは、商売としても有利に働くはずだ。私の趣旨はそんなところにあった。ところが、当時の編集部にはまことに評判がわるく、編集長提案はあえなく否決されてしまった。

理由ははっきりしているし、しかも筋も通っていた。押しつけがましい。読者に判断を任せるべきだ。定価の一部であるページを編集者が勝手に使ってはいけない。それらは原則論としては正しい。しかし、黙っていれば、読者がふたたび書店にきてくれるだろうか。本以外のメディアの参入という現実のなかで、よい本であればかならず読者が分かってくれるというのは、楽観的すぎるのではないだろうか。何らかのかたちで、編集者も読者にメッセージを届ける必要があると、私はいまでも思っている。

またもやむかし話で恐縮であるが、かつて読書会というものがあった。期日までに同じ本を読んできて、感想を語り合うというスタイルである。自分がレポーターのときは緊張した。レジュメをつくり、最初に説明するのであるから、読みも深くなければならない。こういった経験が読む力を強めたのだろう。また無理やりかもしれないが、いわゆる名著というものに接することができた。マルクス、レーニンといった類の本も多かったが、丸山真男『日本の思想』(岩波新書)、

E・H・カー『歴史とは何か』（岩波新書）などのいわゆる必読書というものは、ひととおりそういう場でマスターするのが普通であった。小説・哲学などジャンルを問わず、分かろうが分かるまいが、興味があろうとなかろうと、固いものをばりばり嚙むように読む。乱暴といえるだろうが、訓練にはなった。授業でなく、友だち同士で一般教養を身につけることになったのである。もちろんひとつひとつはほとんど、いまとなっては忘れている。読書とはそういうものなのではないか。

作家の城山三郎さんは、友人と読書会をいまでもやっているそうである。学生のそれとはちがい、年に何回か温泉などに集まって続けているそうだ。職種もちがう、関心もちがう人たちの集まりなので刺激になるとエッセイに書いていた。私の知っている例では、司馬遼太郎「街道をゆく」シリーズを、ゆっくり、長い時間をかけて仲間と読んでいるグループもある。そのあと酒を酌み交わすので、どちらが主目的だか分かりませんと笑っているが、これは読書会の典型的なスタイルである。

読書会のはなしをある大学でしたら、どのようにやるのですかと、逆に聞かれてしまった。読書会というスタイルはすでに消滅しているらしい。他人のことばに傷つきやすい彼らにとって、ストレートにものをいいあう読書会はなじみにくいものかもしれない。彼らはお互いの境界をまもり、決して侵犯しない。そこにあるのは自分ひとりの世界だ。読書好きがいないわけではない。しかし、本のおもしろさを他人に語ろうとしない。これでは本の力は伝播しないし、拡がらない。

ミリオンセラーは出るかもしれないが、誰もが読んでおくべき必読書がどんどん書店の棚から消えてしまう。ロングセラーがなくなってしまうことの背景である。

ここから先は独断であるが、私たち編集者はもっとおせっかいになってもよいのではないかと思う。おもしろい、読みごたえのある本を編集することは大前提であるが、その上で、作った本、かつて手がけた本のよさを世に押し出す努力が、もっとなされてしかるべきであろう。おせっかいは押しつけでもあるが、いまの時代にはかえって必要なのではないか。村上春樹はとてもよい実例を提供しているように思える。

著書のなかで自分のメールアドレスを公開している人もいる。編集者もそういうことを始めてもよいかもしれない。もちろん、クレームといった面倒なことも予想される。しかし、村上春樹に寄せられたメールは八〇〇〇通だという。彼はそのなかの一二二〇通に返事を出している。この努力は並大抵のものではないだろう。編集者もむかしよりずっと忙しくなっている。それは否定しない。そんなヒマがあるなら、企画の一本でも考えた方が生産的だという意見もあるだろう。しかし、いまや読者との接点は、編集者が担わなくてはならない。出版社全体としては読者への個別の対応はむずかしい。メールというツールは、そういう接触に向いているのではないだろうか。思い切ってその本に関する編集者＋著者のホームページを開き、メールを受け付けるなどといった行動が、求められてもよいような気がする。

いうまでもなく、どれもが絶対ではない。編集者が中心になる読書会なども考えられる。つまりどうしても閉鎖空間化する構造を、何とか打破したいと考えるからだ。個人の努力で全体がどうにかなるものではない。それは常識である。蟷螂《とうろう》の斧かもしれない。私もそう思う。しかし、では他にどんな手があるのだろうか。

編集者までが自分の殻に閉じこもってよいとは思えないのだ。著者に対しての一所懸命は、読者に対しても同じであるべきではないか。読者へのおせっかい、それはいま編集者に求められている態度のような気がする。もちろん、出版界全体に要請される姿勢であることはいうまでもない。そのくらい追い込まれているのではないか。

12　著者に育てられる

1　手土産をもって

週刊誌から数えるとほぼ三五年、なんとか編集者をつづけてこられた。繰り返しいっているように、まわりの支えがあってはじめて編集者は仕事をつづけられるのである。なかでも著者の方々の「直接生産＝執筆」がなければ何ひとつすすまない。

むかし話をとくとくと語りだしたらもうダメだ、とよくいわれる。そのとおりで恐縮なのだが、最後の章ということでご容赦いただきたい。住所録や名刺ホルダーのなかから、記憶に残る、とりわけお世話になった著者を点描してみる。

週刊誌から現代新書に異動になってはじめて手がけたのは、大河内一男さんの原稿で『幸徳秋水と片山潜』であった。ワープロ、パソコンのない時代である。入稿練習ということで、二〇〇字詰めのくしゃくしゃの束を、先輩のAさんから渡された。週刊誌はアンカーという書く専門家がいた。そういう原稿は少なくともテニヲハは合っている。ところが、社会政策の大権威、かつ元東大総長である大河内一男さんの原稿はどこかテニヲハがあやしい。はじめはおそるおそる、直してもいいですかといっていたが、あとは脱兎のごとくリライトしてしまった。大家でも、文章のうまくない先生はいるということをはじめて知った。そういう点で清水幾太郎さんの文章は見事だった。『本はどう読むか』（講談社現代新書）というロングセラーがあるが、ジャーナリスト出身らしく、読者をとても上手に誘ってくれる。読んでおもしろく、役に立つ一冊だ。

やはりAさんの紹介で清水研究室にもときおりうかがうようになった。文藝春秋とか中央公論社など、各社の錚々たる編集者が研究室に集まっていた。清水さんのはなし方は独特で、またおもしろかった。駆け出しの編集者だったので、緊張していたことだけは記憶している。しかし、中身はすっかり忘れてしまった。青山学院大学に勤務されていたお嬢さんの清水禮子さんにも紹介され、スピノザの企画を立て、地味なものだったが、なんとか編集会議を通したが、とうとう書いてもらえなかった。後年、禮子さんと一緒に「清水幾太郎著作集」をすすめることになるなどとは予想もしていなかった。禮子さんのはなし方は父親そっくりである。禮子さんのご子息の真木さんも哲学の俊秀らしい。

早くに亡くなられたが、上智大学の高根正昭さんに『創造の方法学』という社会学の入門書を書いていただいた。清水幾太郎さんと支援にいった内灘闘争のはなしなど、高根さんからよくうかがった。きちんとメモでもとっておけば戦後史の貴重な資料になったのにと、いまになって反省する。

新書の世界で講談社が、岩波、中公の後塵を拝していたことはすでに述べた。東京より京都の方が差別される度合いが少なかったのだろう、当時の編集長は企画のターゲットを京都の著者に絞っていた。桑原武夫、今西錦司、梅棹忠夫、林屋辰三郎、奈良本辰也、貝塚茂樹といった大物に接触を試みていた。そこから、その弟子筋が紹介されるのが京都システムであった。「新書日本史」(全八巻)という企画が立てられ、私は林屋辰三郎さんと原田伴彦さんの担当になった。

林屋先生を訪問するときは緊張した。きちんとした手土産を用意し、深呼吸して扉をたたくのである。先生はだいたい和服で出てこられる。奥様がお抹茶とお菓子を出してくださる。作法もろくに知らないので、それだけでこわばりが増すということになる。『京都』(岩波新書)という名著があるせいか、講談社の女性誌から、京都のうまいもの屋の穴場を教えろというような電話がかかってきて困る、などと先生からいわれ、むせ返ったこともある。

横井清、高取正男、森谷尅久、守屋毅、衣笠安喜、熊倉功夫、下坂守といった名前は林屋さんから教えられた。なかでとくに親しくしていただいたのは、京都女子大学教授の高取正男さんだった。宇治市の住所をいまでも覚えている。どこかウマがあったのだろう。京都に出張するときは、かならずといっていいほどお宅にお邪魔した。奥様のお手製カレーが定番だった。京都の学界のはなし、人事やうわさ、戦前からの学問の系譜などずいぶん教えて下さった。家は名古屋のお弁当箱屋で、戦争中、富山の高岡でロケット研究の実験をしていて、戦後、歴史学に入ったという経歴であった。民俗学と歴史の融合をはかる独特の視点があった。

新書で『日本的思考の原型』を書いていただいた（のちに平凡社ライブラリーに入った）。代表作『神道の成立』（平凡社ライブラリー）は、友人に私が紹介したものである。他社の本であるが、わが事のようにずいぶん催促した記憶がある。悔しいことに、五十代前半にがんで亡くなられた。お見舞いにうかがったとき、天井に眼をやりながら、「どうしてこうなってしまったのだろう」と、高取さんがいわれたときは、とてもつらかった。法藏館から六冊にまとめられた著作集がある。私はもう高取さんの享年をはるかに越えてしまったが、ときおり思い出すことがある。

多田道太郎さんのお宅も高取さんの近くだった。『ことわざの風景』という箱入りの単行本を担当したことがある（田村義也装丁もそのときが最初だった）。はじめてお目にかかったのは、たしか江川卓が初登板した日だった。神田明神下の料理屋でテレビを見ながらだった。先方は阪神ファン、こちらは巨人、だんだんお互いに口数が少なくなってしまった。野球を見ながらの打ち合わせはその後やっていない。

「季刊人類学」という雑誌を社会思想社からひきついで、編集実務を講談社が引き受けていた。当然赤字であるが、今西錦司、梅棹忠夫以下のいわゆる文化人類学関係の著者獲得の一方法としてはじめたと聞いている。その結果、岩田慶治、佐々木高明、米山俊直、谷泰、松原正毅といった方々と長い間、おつきあいが生まれた。

銀閣寺の近くの岩田慶治さんのお宅に、京都出張のときはよくうかがった。何冊か単行本を手がけたが、猫の寝ている姿から寝釈迦にはなしが展開するなど、岩田学は独特で、また読者も熱っぽかった。杉浦康平さんもそのひとりで、岩田さんの学問と人柄をいつも絶賛されていた。戦争中、特攻隊に志願するものは一歩前に出ろ、といわれたとき、出るか出ないかというはなしが印象に残っている。ドストエフスキーのように、その一瞬に無限の時間を感じてしまう。しかし、岩田さんは前に出てしまった。もちろん出撃する前に戦争は終わってしまったのだが。

米山さん、谷さんのお二人が「季刊人類学」の実務の中心であった。三カ月に一度、京都大学人文科学研究所（人文研）の一室で、それほどおいしくない握りずしを食べながら、論文の掲載や、コラムの担当などを決めるのだった。梅棹さんは国立民族学博物館（民博）の仕事が忙しくなっていたのか、私のうかがっている頃はほとんどご出席にはならなかった。米山さんは親切と気配りの方で、谷さんはやさしいお兄さんのようで、それに甘えてあらゆることをお願いしていた。終わってからのみなさんとの一献はおもしろかった。講談社の出版姿勢や方向について、松原さんと論争したこともなつかしい。

よくはなしに出るのは今西錦司先生のことだった。一度きめたら梃子でも動かない。変えることのできるのは天皇だけだなどと、弟子筋が笑いながら酒のさかなにしていた。私は直接、今西さんを見た（?）のは二、三度しかない。伊谷純一郎さんが英国のハクスリー賞（世界的に権威がある）を受賞したパーティで、進化論の敵国から賞をもらうとはけしからんと挨拶されて、会場を沸かせたことを記憶している。伊谷さんも「季刊人類学」の編集委員であるが、編集会議には顔をみせなかった。

伊谷さんと米山さんのお二人に編集をお願いし、『アフリカハンドブック』をつくったことがある。これはあとで詳しく述べるが、国際文化会館理事長松本重治先生の肝いりではじめたシリーズの第三弾だった。小柄な伊谷さんは猛烈にタフであった。共同編集者の米山さんがペルーで高山病になられ、しばらく実務ができなくなった。アフリカが好きというような研究者たちであるから、当然といえば当然なのだが、執筆者の大半は、締め切りなどどこ吹く風である。困り果てて京都にうかがい、窮状を訴えた。その場ですぐ伊谷さんは、次々と厳しく執筆者を責め立てられた。なんとか本はできあがったが、あのときの伊谷さんの迫力はすごかった。

人文研時代の梅棹忠夫さんは知らない。私は民博館長になってから以後のおつきあいである。「館長対談」という本を何冊かつくっている途中、視力を失《な》くされる不幸に遭われた。私が担当した『夜はまだ明けぬか』という体験記は、そのときのことを書かれたものである。以後何冊もエッセイ集を刊行した。ともかくパワフル。視力を失くされてからの出版の方が多いというのであるから、お目にかかるたびにこちらがタジタジとなってしまう。三原喜久子さんという名だたる秘書の方に、絡め手から頼みこむのが常であった。

民博も大きくなり、文化人類学の講座もいろいろな大学に置かれるようになった。発表する場もずいぶん多くなった。八〇年代の後半、「季刊人類学」はその使命を終えたのではないか、と思いはじめるようになった。負担する経費が気になるというより、雑誌自体のインパクトがなくなってきたように思えたからである。さまざまなご意見があったが、梅棹先生以下編集委員のみなさんに同意をいただき、創刊二五周年で無事終刊にした。余力のあるうちの、きれいな終わらせ方だったといまでも思っている。終刊記念パーティ、編集委員会のみなさんへのお礼の会など、撤退戦は思い出しても感慨深い。創刊以上に、休刊・終刊は気を遣う。何もなくて当たり前。だいたいは不満が出る。幸い、惜しまれつつうまく休刊できたのではないか。

現代新書を中心にした編集部の黒字があったため、「季刊人類学」は刊行がつづけられ、会社全体の業績が好調であったので、それが許されたといえる。また講談社が総合出版社に上昇するときだからこそ、上司は引き受けたのであろう。「季刊人類学」はまことによき時代の産物であった。いまではもうこのような刊行はほとんど不可能だ。

2 ネットワークを広げる

ハンドブックシリーズのことに触れたが、そもそもこれは鶴見良行編『アジアからの直言』という新書がきっかけである。著者のひとり、台湾のご出身で、当時アジア経済研究所に在席していらした戴国煇さんから始まっている。詳細はほとんど忘れてしまったが、その本に関するちょっとしたトラブルを戴さんがうまく裁いてくださり、それが縁でおつきあいがはじまり、お友だちの国際文化会館の加固寛子さんをご紹介くださった。友だちの友だちは友だちであるといった話である。

当時、毎日新聞社から『東南アジアハンドブック』（松本重治監修、滝川勉編）がすでに出ていた。これを毎日側がもうつづけたくないというので困っているが、引き受けてくれないかと加固さんから提案があった。商売としてなかなか採算がとれないことは分かっている。そこで、印税は講談社から国際文化会館に支払い、国際文化会館は執筆者に原稿料を支払い、かつ出版助成も講談社に対しておこなうというやり方を編み出した。講談社としては安全で虫のいい条件であったが、そうでもしないと社のOKはなかなかとれなかった。このようなかたちで以後、板垣雄三編『中東ハンドブック』、先に述べた『アフリカハンドブック』、加茂雄三編『中南米ハンドブック』を刊行し、改訂版なども含めるとかなりの成果をあげた。

『中東ハンドブック』のときである。ホメイニの名は日本の研究者にまったく知られておらず、刊行直前にイラン革命がおこったため、あわてて挿入したことをよく覚えている。都市の地図などまだなく、板垣さんからの指示で、旅行者が持ち帰った現地の案内書をトレースし、翻訳して簡単な地図をつくったりした。新聞社の外報部が『中東ハンドブック』を重宝しているなどと聞くたびに、いったい新聞社は何をやっていたのだろうと思った。出版のたびに、松本重治先生からお礼のディナーにご招待いただく。『上海時代』（中公新書）で知られる松本先生は長身で、いかにも大人《たいじん》という印象であった。家柄からくるコンプレックスであろうか、どうもそういう場では編集者は雑駁に見えていけない。

加固さんの実家は京都でよく知られた歯医者さんであった。新制の京都大学の女性入学第一号ではなかっただろうか。映画監督の大島渚などと同級生で、「思想の科学」などの編集も経験があり、しかも驚くほど交友範囲が広い。世にいうえらい人から、なんとも形容ができない不思議な、おかしな方までいろいろ紹介を受けた。本になったものもあるし、まったくダメなものもあった。利害をこえたこのようなつきあいができるところは編集者の特権であろう。

そういえば、戴さんのお宅でのパーティもなつかしい。もう時効であるから書いてしまうが、戴さんが杉並に家を建てられた。資金が少しショートした、そこで二〇人ぐらいの友人にひとり二〇万円程度の借金を依頼した。利子の代わりに料理研究家の奥様の素晴らしいご馳走兼懇親パーティが二、三カ月に一度開かれるという約束である（沙龍梅苑懇話会）。いかにも中国の方らしい合理的発想である。光栄にもわたしもその友人に選ばれ、利子の代わりのおいしい料理に舌つづみをうった。その席でいろいろな職業の台湾の方、あるいは戴さんの研究者仲間、新聞記者とも知りあうことができた。矢吹晋さんなどともそこで知りあった。

誰もが二分法で判断しがちだが、とりわけ編集者は原稿が早い、遅いで著者を見てしまうところがある。私の経験で最高に遅かったのは宮脇俊三さんだった。中央公論社の名編集者として鳴らし（常務にまでなったはず）、しかも鉄道作家として一家をなした方だった。中公を辞められてそんなに時間がたっていないころ、新書（『時刻表ひとり旅』）を一冊お願いした。これが遅い。刊行日の二週間前になっても原稿ができていなかった。宮脇さんは動じることなく平然と、印刷所はどちらですかという。凸版ですというと、それでは明日、板橋へいきます（活版部門は板橋の小豆沢に工場がある）とおっしゃる。さすがである。そこで最後の三、四〇枚ほどを書き上げ、その場で初校校了。結局、無事刊行できた。週刊誌ではあるまいにと思いつつ、編集長体験はダテではないと感心した。しかし、原稿の遅い著者は編集者の寿命を縮める。ジャーナリスト出身者は概して遅く、かつこちらの手の内を知っているのでサバをよめない。つまり嘘がつけないのでやりにくい。

田村義也さんは岩波新書の編集者時代、毎日出がけにかならず丸山真男宅に立ち寄って出社し、その結果『日本の思想』（岩波新書）ができたという伝説があるが、原稿は簡単にはもらえないものである。埴谷雄高『死霊』担当編集者は、一カ月に二、三枚（四〇〇字詰め）できると、今月は多いなどと思ったそうである。

遅いといえば、松本清張さんに思い出がある。『清張通史』（全六巻）というシリーズの後半の刊行を引き継いだ。新聞に連載していたもので原稿自体はできあがっている。ゲラにしておけば手入れをするというので、いわれたとおりにして持参した。いつごろまでにやっていただけましょうか、とお尋ねした。ギロリとにらまれ、一カ月ぐらいたったら連絡しろという。おそるおそる一月後に電話をする。できているはずがない。ともかく毎月決まった日に、浜田山のお宅までとりにこいというのである。仕方がない。毎月、ダメモトでお訪ねし、一年後にようやくいただいた。しかしゲラは膨大な赤字が入っている。しかも当時は活版である。一年も寝ている活字にはカビが生えてしまった。結局、全部組みなおしになった。

これだけだと、ひどいはなしに聞こえるが、あまり不愉快ではなかった。決してきれいとはいえない「どてら」のようなものを羽織り、連載の徹夜あけなどといって出てこられる。流行作家のすごさや重労働を間近で見たからであろう。松本さんの推理小説などについて、読んでいないのに適当なことをいうと、かならず突っ込まれるという教訓をあらかじめ聞いていた。読んでいないものは、読んでいないと正直にいうようにした。べつにそれで気分を悪くされるようなことはなかった。ときおり、君の会社の派閥抗争はどうなってるのなどと、ついでに私の知らない社の上層部のことなど聞かされて、眼を白黒させられたこともあった。

現代新書は中根千枝『タテ社会の人間関係』、板坂元『考える技術・書く技術』、渡部昇一『知的生活の方法』がいうならば御三家であった。最盛期は毎年、それぞれ五万〜一〇万部の重版が出た。中根さんが三冊、板坂、渡部さんにはおそらくそれぞれ一〇冊ほど新書を書いていただいている。

ハーバードで長く教えておられた板坂さんはともかく好奇心のかたまりのような方で、毎年日本へ帰国するたびに新しい文房具をお土産にいただいた。またとてもまめな方で手紙をたくさんくださる。ファイルがすぐいっぱいになる。西鶴、芭蕉などの江戸文学が専攻であるが、ともかく博識、かつ大変な趣味人で、話題が豊富なのはこの上もない。硬軟とりまぜたおはなしは飽きることがない。ご先祖は御典医であったはずである。

渡部さんは山形の鶴岡ご出身で、小さい頃から「少年倶楽部」、「キング」で育った方で、講談社の応援団長のような存在である。ブリタニカを初版から現在の版まですべてお持ちで、本のはなしになるとどことなしに頰がくずれる。

本といえば谷沢永一さんの書庫もすごかった。戦前の雑誌など、見たこともないものが膨大に並べられていた。結局、谷沢さんとは一冊も仕事をしなかった。その代わりというのもおかしなはなしだが、谷沢さんと学生時代からの友人である向井敏さんとは長く仕事をさせていただいた。おそらく谷沢さんのご紹介だったと思う。電通に在籍していたか辞めた直後かはっきりしないが、すぐさまPR誌「本」の連載エッセイをお願いした。

お目にかかったとたん、本読みのプロであることはよく分かった。時代小説からミステリー、海外小説まで、古典から歴史までその読む幅がひろく、よい・悪いという嗅覚は非常に鋭かった。谷沢、西尾忠久、開高健さんたちと一緒にやっていた同人誌のはなしなど、もっと聞いておけばよかった。ただ困ったのは、声がとても小さかったことだ。電話は苦労した。また筆圧がよわいため、鉛筆での原稿がFAXでは読みとれないということがままあった。原稿はあまり早くなかった。というより遅かった。そういう人に書き下ろしで新書を書いてもらったのだから、あきられて当然である。よくパーティで向井さんから、あの頃の苛斂誅求《かれんちゆうきゆう》はすごかったよと、なつかしくいわれるのはなんとも面《おも》はゆかった。その向井さんも突然、鬼籍に入ってしまわれた。

原稿を直していただくのが、編集者の仕事としていちばん神経を遣う。交渉がとてもむずかしいからだ。ずいぶんむかし、高島俊男さんに『中国の大盗賊』という新書を書いていただいたことがある。まだ岡山大学にいらっしゃったころで、いまのような辛口エッセイストになる以前である。ある日、原稿がどーんと届いた。包みを開けてみて仰天した。枚数が大幅にオーバーしているのである。二五〇～二六〇枚ぐらいまでとお願いしたのに、優に四〇〇枚を超えている。頭をかかえてしまった。どうしよう。それから机の上で格闘がはじまる。なんとか自分なりのプランをもって、決死の覚悟を抱いてうかがうことにした。

ご自宅は瀬戸内の相生《あいおい》である。たしか夏だった。汗をかきかき、玄関で声をかけると、ランニング姿でパンツひとつの高島さんがあらわれた。部屋に通されたが、クーラーがない。「鷲尾さん、パンツになったら」という。さすがにそこまではできず、ネクタイをはずし、Yシャツをぬぎ、こちらの構想を説明する。冷蔵庫にビールがあるから、自分でもってきたらという。奥に入ると、すごい。洗濯物が梁《はり》からたくさんぶら下がっている。それをかき分け、冷蔵庫にたどりつき、缶ビールと肴になりそうな怪しい缶詰を取り出し、また洗濯物をかきわけ、高島さんの前にもどるという始末。そのなかでのどうカットするかの交渉である。暑いので原稿が腕などにはりつく。下着姿の男ふたりの姿は思い出すだけでもおかしい。

毛沢東は大盗賊であるという最終章をまず削ろうとお願いするが、なかなかウンといわない。枚数のこともあるが、まだ毛沢東も健在であった。日中友好協会との関係もある。その点でもまずい。しかし、なんとか了承していただいた。他の箇所もずいぶん削った。刊行後、評判がよくかなり版を重ねたので胸をなでおろした。もし売れなかったら、削ったからだなどといわれそうだからである。そのあと高島さんは、四〇〇枚そのまま出せば、もっと売れたのにと冗談まじりにいわれるが、やはり削ってよかったと思っている。暑い相生とあの洗濯物は、いまでも記憶に新しい。

書き直しといえば、佐々木孝『ドン・キホーテの哲学』も思い出深い。スペイン文学専攻の著者のウナムノ、オルテガなどについての新書である。テーマも地味だし、あまり売れる予想もなかったので、なんとか読めるようにと著者につよくお願いした。おそらく完成するまで一〇回ぐらい書き直していただいただろう。編集長の「いいよ」という承認をとらねば、原稿は刊行できない。やや強引にプランを通した企画の場合、どうしても責任を強く感じるものである。佐々木さんは島尾敏雄さんの親戚筋にあたり、いちど宣教師の道を選び、そのあと還俗《げんぞく》して、文学に入りなおした方であった。そういうはなしはとてもおもしろかったのだが、原稿の方はだいぶ手こずった。いまウナムノ、オルテガなど、だれが読むだろうか。当時の方が読者レベルは高かったのかもしれない。『ドン・キホーテの哲学』も何刷りかになったはずである。

新書は書籍なのだが雑誌のようなところがある。毎月決まった日に決まった点数を刊行しなくてはならない。編集部に原稿が潤沢にあることなど永遠にない。つねに払底している。つじつまを合わせる才能が編集者には必須である。そういう仕事であるからこそ、原稿が安心でき、何冊も書いてくださる著者はなによりもありがたい。そういう著者を何人もっているかも編集者の腕なのである。

秋山さと子さんもそのひとりであった。ユング関係の新書を何冊も書いていただいた。早稲田若松町の名刹（禅宗）の生まれで、ときおりお聞きする多彩な経歴は小説のようにおもしろかった。若いころ、女子ゴルフで優勝したことがあり、ディスクジョッキーもやっていたという。そのあとスイスのユング研究所にいくのだが、編み物ではプロ、軽井沢にはコンテナを改造した別荘があり、梁山泊のように若者が集まっていた。カルチャーセンターでも追っかけが生まれるほどであった。二年に一冊ぐらいかならず書いていただいた。早稲田下の夏目坂を通るたび、秋山さんを思い出す。

鈴木晶さんも、たしか秋山さんに紹介されたのではなかっただろうか。バレー批評のほかに、翻訳家として大活躍であるが、はじめの頃はなかなか書いていただけなかった。新書はだいたい、入稿してから二カ月ぐらいで刊行になる。ある月、予定された原稿のできが悪く、刊行できるレベルになっていないことが判明した。しかし、代わりになる原稿がない。編集部全員に隠し玉はないかと再三聞くが、あいにくなにもないという。「さあ困った」、なんとかしなくてはならない。

そこで出馬を願ったのが鈴木さんである。約三週間で二四〇枚書いてもらえないか。当時、鈴木さんも若かった。やってみましょうと決断してくれた。『グリム童話』はそういう非常時の産物である。五日に一度のペースで原稿をいただく。それを特急進行でゲラにしてゆく。なんとかぎりぎり間に合わせることができた。しかも運のよいことに、たくさん売れた。そのあと、時間をかけ、じっくり書いていただいた力作『フロイト以後』は思ったほどに動かなかった。急がされたことによる勢いは文章に滲むのかもしれない。

村上哲見さんの例もその一つだ。『科挙の話』が新書の第一作である。名著の誉れ高い宮崎市定『科挙』（中公新書）を超える意欲的なものだが、編集部、著者双方の予想を裏切って、あまり話題にならなかった。そのあと、やや肩の力をぬいた『中国の名句・名言』とか『漢詩の名句・名言』の方が読者にうけ、ロングセラーになっている。温和な村上さんはいつも苦笑まじりに、売れない本のはなしをする。吉川幸次郎門下であり、同級生だった高橋和巳のことも何度か聞いたことがある。

小林章夫さんにもずいぶん無理をお願いしている。原稿が早いし、何よりも書くことが苦にならない。その結果、ついつい困ったときの小林頼みになる。新書だけでなく、選書メチエ創刊の一冊もお願いした。講談社だけでなく、各社のシリーズがみなお世話になっているはずだ。英文学がご専攻なのであるが、ともかく興味が多彩、ネタはいくらでもあるというわけだ。酒もつよい。同志社女子大にいらしたが、いまは上智大学である。女性に囲まれる環境のなかで、もてるという評判があるが、いまだ現場は見たことがない。

編集者はどこか自分の趣味を読者におしつける図々しいところがある。俺がよいと思うのだから、きっと読者もそう思うだろう。楽天的というか、おめでたいというか、そういう態度は行き過ぎないように注意する必要がある。私の場合、それはクラシック音楽だった。いつもなんとも過激な文章で、モーツァルトやブルックナー、あるいはフルトベングラーやクナッパーツブッシュなどを論じている音楽評論家がいた。「レコード芸術」などの評でも、大絶賛かボロクソのどちらかであった。いつも友人と快哉をさけび、宇野功芳という評論家はどんな人なのかうわさしていた。

あるとき、思い切って怖いもの見たさでお手紙を出して、お宅をたずねた。仕事というより、まさにミーハー的関心であった。予想に反して、まことに温和な方だった。若い明るい奥様にワインなど出していただき、すっかりリラックスしてしまった記憶がある。近鉄バッファローズの大ファンというところだけが、まったく意見がちがうが。

『クラシックの名曲・名盤』という案内書を刊行、歯に衣《きぬ》をきせないものいいが評判になり、つぎつぎと版をかさねた。これはたぶん、お薦め盤以外に、お薦めしない盤のことを書いたはじめての本ではなかったか。『交響曲の名曲・名盤』『協奏曲の名曲・名盤』など何冊も出させていただいた。カラヤン指揮のブルックナー交響曲九番の宇野さんの評価について、読者から便箋八枚ぐらいの抗議文がきた。当時若かった私も、一〇枚ぐらい反論を出したりした。その読者はよほど腹にすえかねたのか、抗議の手紙を今度は講談社の全役員に送るということをした。私は上司に呼ばれ、もう少しおだやかに対応しろと注意された。そうなのである。おとな気ないことはたしかだ。しかし、これで終わるのもしゃくにさわる。宇野さんにも相談し、是非お目にかかりたい、評価について議論がしたいと手紙をだした。宇野さんも一緒にはなしをしましょうといったのだが、とうとう返事はなかった。立川市に住んでいる方だった。返事がこないなら、訪ねてしまおうかなどと、宇野さんとひそかに計画したことを覚えている。若かったころのはなしである。

堀内修さんも、自分の趣味から仕事をお願いしたひとりである。オペラの入門書や、ワグナーなどを書いていただいた。お宅にお邪魔して、ワインのかたわら音楽界のうら話など聞かせてもらう。最新の情報や、お薦めの演奏会などを教えてもらったりする。原稿が早くないのは玉にキズだが、ともかく歌手や演出など、専門家のはなしをじかにきけるのは役得である。商売になれば、こういうやり方でもよいということになる。

3　「本」編集長として

講談社のPR誌「本」の表紙は東山魁夷さんにずっとお願いしてきた。たまたまその交代時期に私が編集責任者になった。おそるおそるお手紙でお願いしたのが、安野光雅さんとのおつきあいのスタートである。以来もう一五年以上になる。PR誌の表紙としても最長記録であろう。

たくさんの取材にご一緒した。志ん生の落語「黄金餅」の道をたどったり、名作の舞台を訪ねる旅など、みななつかしい。なかでも七年ほどつづけた『平家物語』では、ずいぶん日本各地をご一緒した。画集にもまとまった平家の舞台を描いた絵は、安野さんの代表作ではないか。日本だけでなく、海外各地で展覧会が開かれているほどである。故郷の津和野の安野光雅美術館にすべて展示されている。

私は自動車免許をもっていない。だから取材のドライバーはつねに安野さんであった。しかも途中、私は隣りで寝てしまったりする、まことに質《たち》のよろしくない編集者だった。九州の高速道路で捕まったことがある。スピード違反だった。取材なので違反の罰金は講談社が払うべきではないかと、だいぶ迷ったのだが、結局安野さんにもたせてしまった。いまでもうしろめたく思っている。『平家物語』の取材で、喜界ヶ島という鹿児島の南端の小島に、年の暮れに安野さんと杉本秀太郎さんと出かけたことがある。俊寛の庵居がトタンに覆われており、前のせせらぎがコンクリートで固められていて興ざめであった。熊野から吉野、屋島、倶利伽羅峠と、平家の跡をたずねて全国各地をよく歩いたものだ。

安野さんは締め切り前にかならず画稿や原稿ができている、きわめて稀な、ありがたい著者でもある。あまりお酒を召し上がらないかわりに、無類の本好き。原稿をいただきにあがりながら、他のはなしについつい熱中してしまって、ずいぶん仕事の時間を割いていただいたことを反省している。

杉本秀太郎さんは、安野さんの表紙と一緒に、『平家物語』の連載をスタートした。いまもお住まいになっている幕末から明治にかけて建てられた古い商家は、京都市から文化財保存指定を受けているはずだ。だから祇園祭のときはとてもいそがしい。桑原武夫、生島遼一門下のフランス文学専攻にもかかわらず、古典にも造詣がふかい現代の名文家のひとりである。

杉本さんとは約七年の連載中、安野さんも交えて日本各地をずいぶんご一緒した。伝統のなかで生活している方はすごいもので、古い旅館などにかかっている立派そうな絵を見て、「あれはにせものや」などと簡単にいわれる。富岡鉄斎などがご自宅に飾られていたということからくる眼力なのだろう。ピアノがお好きで、ドビュッシーなどよく弾かれた。残念ながら原稿は早くない。しかも字も読みにくい。しかし、一冊にまとめられた『平家物語』は大佛次郎賞を受賞して、編集の甲斐があった。

ＰＲ誌の連載はいろいろな方にお願いした。書き下ろしではなかなかむずかしいが、連載ならと引き受けくださる方が多い。ＰＲ誌のよいところである。立花隆、田辺聖子、馬場あき子、高田宏、中野孝次、加藤典洋、竹田青嗣、神崎宣武、山口昌男、三浦雅士、安岡章太郎など、じつにいろいろな方にお願いした。現代新書の補給路でもあった。立花さんの『「知」のソフトウェア』などは、トータルで三〇万〜四〇万部にもなっていよう。

山口昌男さんにも連載をお願いした。ともかくなかなか書かない。夜遅く、府中朝日町から何度無駄足で帰ってきたか。しかもよく、朝に電話があった。トイレのなかまで追いかけてくる。「いまトイレだろう」などと妙に当てたりするので困る。たびたび海外にも行かれる。そのたびごとにひやひやすることになる。

あるとき締め切りぎりぎりで、明日成田から出発するという。穴はあけないから心配するな、箱崎に一〇時ぐらいに取りにこい。できているから、そこで渡す。朝、箱崎に行くと、まだ半分もできていない。かならず完成するから、一緒に成田までついてこいという。リムジンのなかでも書きつづけ、成田でも書き、少し足りないところで、ここで時間切れなどと一行残して、飛行機に消えてしまったこともある。予定より四、五枚たりない。会社に帰ってページを調整するのが一苦労であった。いかにも山口流であった。とにかく世話がやける。こちらも楽しまなくてはやっていけない。まるでゲームのようだった。

この連載は『「知」の錬金術』として単行本化したが、さっぱり売れなかった。その代わりといってはおかしいが、やや強引に山口さんの教育関係の講演を集め、リライトし、『学校という舞台』という新書を刊行した。これは評判がよく、かなり版を重ねた。網走の菓子屋の息子が東京に来て一浪の末、東大に受かったときの体験談などおもしろかった。山口さんのお宅も本の氾濫。書庫を見せてもらったがすごいものだった。あのすさまじい収集と読破は真似ができない。憎たらしいところもあるが、愛嬌もある。そこでついつい許してしまう。親分肌のところがあって、今福龍太さんとか、坪内祐三さんなどを紹介してくれた。

4　安岡章太郎と丸山真男

長期連載ではなんといっても、安岡章太郎『僕の昭和史』であろう。「本」の編集のなかでいちばん印象に残っている仕事である。当時『流離譚』を「新潮」に連載中で、おそらく先生のなかでは軽い気持ちではじめられたものだろう。ところが書いていくうちに熱が入ってきた感じがする。文学自叙伝の傑作である。夜おそくなるから女性編集者は困るといわれていたが、なるほど夜中にできあがることも珍しくなかった。クルマで急いで帰り、整理し、「大特急」と赤字で大書し、印刷所に送稿する。翌日、ゲラが出ている。夕刻にお届けし、その場で直したゲラをいただき、その晩に校了などという綱渡りのときもあった。

担当していてとても不思議だったのは、作家の頭の構造である。安岡さんは書き出すと、ご自身の体験されたことのディテールがどんどん思い出されてくる。日記もメモもなにもないのに、じつに正確でリアルなのである。ソウルにいた幼少時代、戦争中のはなし……。記憶力とは異なった「思い出力」のようなものに、たびたび感嘆した。『アメリカ感情旅行』（岩波新書）は、奥様の簡単な家計簿の数字が唯一の資料だったそうである。その後、安岡さんは「群像」で『果てもない道中記』を連載した。その取材にも同行したのだが、いつもメモなど一切とらない。

カンヅメになっていただくこともあった。だいたいが山の上ホテル。様子うかがいも兼ねて、昼とか夜に食事をご一緒する。よく神田の藪そばにいった。映画のはなし、野球のはなし、戦争のはなし。文学のはなしなどはまったくしなかった。調子にのると、安岡さんはおかしな格好になる。相撲の蹲踞《そんきょ》のように腰を浮かせて書くのである。そうなったらしめたもので脱稿も間近い。催促をかねた電話なのだが、ついつい長島野球のことなど長ばなしすることが多かった。一時間ぐらい平気でやっていた。となりの部署の教養ある先輩から、君が電話をかけているのは本当にあの『ガラスの靴』の安岡章太郎かと、疑わしい眼で尋ねられたことがある。安岡ファンをひとりなくしてしまったことになる。

安岡さんの著書の大半が田村義也装丁である。『僕の昭和史』(全三巻)と『対談・僕の昭和史』の装丁をどうするか。タバコを使うアイディアは安岡さんから出た記憶がある。渋谷にある「たばこと塩の博物館」に田村さんとでかけ、説明を受けた。前にもふれたが、第一巻が「ゴールデンバット」、第二巻が「ピース」、第三巻が「セブンスター」、対談集が「光」であったが、タバコのデザインも時代によって少しずつ違っていることが博物館の説明でよくわかった。田村さんの装丁も、デフォルメが微妙に働いている。精興社の活版印刷のよさも生きた、とても素晴らしい出来ばえであった。

安岡さんの学生時代の友人に、桑原隆次郎さんという毎日新聞の元学芸記者がおられる。その縁でいつごろからか、安岡さんと丸山真男先生とのおつきあいが生まれていた。田村義也さんは丸山先生の担当編集者でもあった。私も学生時代、八王子の大学セミナーハウスで先生を中心とする合宿に参加し、その後も断続的に何人かの友人と一緒におはなしする機会が続いていた。また何回か同窓会で、箱根などにご一緒したこともある。フィルムセンターで「三文オペラ」を見て、ワインを飲みながら、先生の「マック・ザ・ナイフ」を聞いたこともある。先生の本を編集したいとはなかなかいいだせなかった。一度だけ対談集を作らせてくれませんかとプランを作り、思い切ってお手紙を出したことがある。もちろん丁寧なお断りの返事をいただいた。

三、四年続いたであろうか、毎年一、二度、西荻窪のこけし屋でダべる会があった。メンバーは丸山、安岡、桑原、田村、千本健一郎（朝日新聞）。幸いにも若輩の私も入れていただいた。ダべるといっても八割は丸山先生が、残り一割を安岡先生、その残りの一割を世間的にはけっこうおしゃべりな四人が分けるというすごい会であった。しかも午後二時から夜の九時ぐらいまでつづくのだ。丸山先生が声色付きで、チャンバラの太刀さばきを実演した姿はよく記憶している。私が会計担当。割り勘であった。いつも「時間ですので次の機会に」というのが、私の役割であった。そのくらい、はなしはおもしろかった。テープなしという約束であったが、隠しマイクでもいいから録音しておけばよかったとつくづく思う。

5　創刊はおもしろい

三浦雅士さんと親しくなったのも「本」がきっかけだった。三浦さんにホストになってもらって、いろいろなジャンルを本によって概観するという企画だった。海外ミステリーを黒井千次さん、アメリカ文学を柴田元幸さん……というふうに、ともかくおもしろい本をリストアップしてもらおうとした（後年『この本がいい！』として刊行する）。その間、傍《はた》で見ていて、三浦さんの関心の幅や読書の量、そして人脈の広さには驚嘆するほかなかった。伝説的な「ユリイカ」「現代思想」はこういうところから生まれるのかと、つくづく編集者としてのレベルの差を感じた。三浦さんはまた「のせ上手」でもあった。対談者に会ったとたん、「やあ、この間の○○おもしろかったよ。特に××のところが」という。それがじつに的確なので、相手の顔はほころぶ。ますます三浦さんへの信頼が増すのである。

徹夜しても対談のための資料を作ってくる。読んでくる。超多忙ななかでも勉強をつづける。ちょっとかなわない。私の方が年齢は若干上だが、ほぼ同世代の三浦さんに教わることは多かった。戦後の編集者ベスト五のなかにかならず入るひとりであろう。評論家としての三浦雅士に夜も昼もあけず催促して作り、読売文学賞を受賞したのが選書メチエ『身体の零度』である。名編集者を脅して（?）ともかく書き下ろしをさせてしまったのは、ひそかな私の自慢でもある。『青春の終焉』（講談社）などは編集者としての視野の広さがよく生きている。

加藤典洋、竹田青嗣さんとのつきあいもどこから始まったのか定かではない。往復書簡というスタイルで「世紀末のランニングパス」という連載を「本」にお願いしたのが最初のころである。共通の友人をまじえ、暑気払いとか忘年会と称して、なんとなくよく集まる機会ができた。メチエの創刊の際、お二人に友情を武器に書くことを承諾してもらった。加藤さんはA6判で四〇〇字詰めという不思議な原稿用紙を駆使し、びっしりと書いてくる。しかも赤字訂正のすごさは業界では有名である。初校を直し、再校で直し、三校の直しを見たら、初校に戻っていたという伝説があるほどである。

『日本という身体』は創刊には間に合わなかったが、二回目の配本に入れた。注もたくさんある。

原稿は遅い。しかも、さみだれ式。初校と再校が交錯する。予想どおりの赤字の挿入。ぎりぎりの進行でなんとか本になったのだが、刊行後、注と本文にズレがたくさんあることに気づき、頭を抱えた。読者からも厳重抗議がいくつも舞い込む始末。校閲局も責任を感じ、後《あと》校正という作業を実施した。すると出るわ出るわ、毎ページ付箋が貼られる。編集者生活でダントツに間違いの多い本になってしまった。幸い重版になったので、直すことができたが、私は記念に、その膨大な付箋のついた訂正原本をいまでも所持している。

選書メチエに『後白河法皇』という一冊がある。著者は棚橋光男さん。この本にはエピソードがいっぱいある。創刊前に、金沢大学に原稿依頼に直接うかがったおりである。ひとしきりはなしたのち、雑談に入った。他にはどのような方が承諾しているのですか、と棚橋さんに尋ねられた。歴史では誰々、哲学では……というなかで、文学では加藤典洋さんなども承引してくれていますと何気なくいった。棚橋さんの目が急に輝き、「えっ、加藤さんが」。そのあと「それなら、ボクも是非もやらせてもらいます」といわれた。

聞いてみると、同じ山形東高校出身、同学年だという。卒業後、加藤さんは東

本書が他ならぬ選書メチエとして出版されることは、死を目前にひっそりとその思いを断った故人が、誰よりも喜んでいると思う（高橋昌明「解説」より）。

京に、棚橋さんは京都にすすまれた。加藤さんをライバルとして、棚橋さんはひそかに意識していたのであろう。「加藤さんが創刊なら、わたしも頑張りますので、創刊の一冊に加えてください」。しかし結局、お二人が創刊に並ぶことはかなわなかった。加藤さんは原稿が遅れた。棚橋さんは癌に侵され、亡くなられてしまったからである。

ではどうして『後白河法皇』が刊行されたのか。それは同じ中世史家の高橋昌明さんの友情のおかげである。棚橋さんが書かれたいろいろな原稿をじつにみごとに、絶妙に編集しなおし、棚橋さんの構想に近寄らせてできあがった一冊で、選書メチエのなかで、書き下ろしでない唯一のものである。

『後白河法皇』刊行と同じころに、加藤さんのエッセイ集『この時代の生き方』をつくった。それを記念して、山形で棚橋さんとの共同出版記念会が開かれた。山形東高校の同級生がたくさん集まり、棚橋さんのご家族を囲む気持ちのよい会だった。

編集者、新聞記者を交え、加藤さん、竹田さんたちと何度も温泉旅行にもいった。サバティカルでフランスやイギリスにいったおりの送別会とか帰国歓迎会など、理由をつけては集まっている。話題作『敗戦後論』が「群像」に連載されたとき、つい気になって、毎月気づいたことをFAXしてしまった。おせっかいかもしれないが、これは編集者の業《ごう》である。

竹田さんも直しが多い。ただし原稿はフロッピーでくる。実務を担当した編集者は若いので、すばやく画面上でゲラのように組んでしまう。それをプリントアウトして、竹田さんに渡す。竹田さんはゲラだと思い、赤字を入れる。編集者はまた自分の画面上で修正する。あるところで、印刷所に入稿する。竹田さん本人は五校ぐらいとった気持ちでいるが、実際は再校で校了にしていた。なるほどパソコンの威力と若者の知力はたいしたものだと感心した。歌手竹田さんの評判はとどろいている。原稿をいただきにいくと、今レッスンが終わったところだなどといわれ、驚いたことがある。

私は昭和一九（一九四四）年生まれである。団塊世代と違って人数はそれほど多くない。だから同い年ときくと、なんとなくうれしくなる。結果として親しくなってしまった方が何人もいる。宮本常一門下の神崎宣武さんもそのひとりである。

戦争中の生まれというのは名前ですぐに分かる。勝義、武、克己……、八紘という新聞記者もいた。岡山美作《みまさか》の神主の家に生まれ、民俗学との二足のわらじをずっとはいている。神事の時期になると地元に帰らざるを得ない。『いなか神主奮戦記』ほかずいぶんお世話になった。高校時代、ピッチャーだったという。あの平松、大杉、森安などとの試合経験があるそうだ。挫折して当然であろう。相手がすごすぎる。いまや編集者と著者というより、愚痴をいいあう友人に近くなっている。

渡辺吉鎔さんも同年齢だ。彼女は韓国生まれ。慶応に留学し、そこでご主人に出会い結婚。日本国籍になった。慶應義塾大学教授で、言語学、比較文化が専攻である。じつは私は著者としての彼女の、発見者でも担当でもない。しかし、いつの間にか担当者より親しくなってしまった。

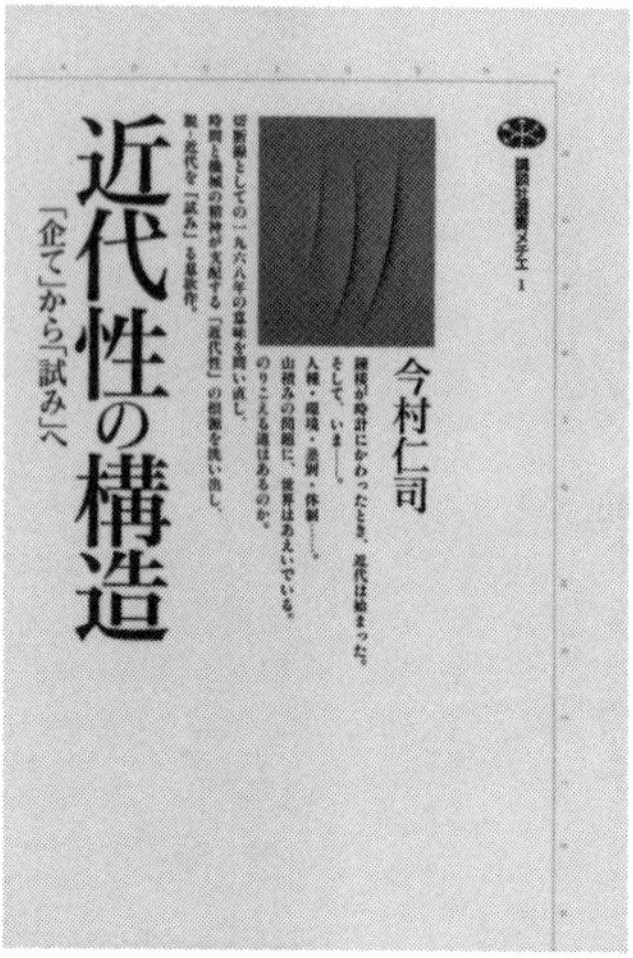

「選書メチエ」の記念すべき第一弾、今村仁司『近代性の構造』。しかしこれは、じつはピンチヒッターだった。

ご主人も昭和一九年生まれということもあり、渡辺家の山荘に遊びに行くなど友だち的つきあいになってしまった。仕事を具体的にはしていない。このような場合も編集者のネットワークというのだろうか。遊んでいるだけかもしれない。

　選書メチエの創刊についてはすでに述べた。ともかくいままでの編集の総決算のようなつもりではじめた。とりわけ創刊時のラインアップは、そのシリーズのイメージを決める。以前から丸山圭三郎さんにトップをお願いしていた。ところがそろそろ原稿を書きはじめるという時期に急逝されてしまった。創刊の半年前ぐらいのことだった。どうしよう。「もうこうなれば今村さんに頼むほかに手はない」。選書メチエにはベンヤミンについて書いてもらうことになっていた。それを最初に刊行するには少しかたい。別な企画はないだろうか。

　知恵をしぼったのが『近代性の構造』だった。部分的にはすでに書いておられる。しかし、それを収録するわけにはいかない。そこで生まれたのが、今村さんに講義してもらい、加筆してもらおうというアイディアだった。東京経済大学に編集部と、今村さんとつきあいのある編集者七、八人に集まってもらい、黒板の前で集中講義をうけたのである。速記の宮田仁子さんにもご一緒してもらった。そういう経過でできたのが『近代性の構造』である。今村さんの著作のなかでも読みやすく、メチエ創刊時の牽引車になった。

今村さんを紹介してくれたのが、じつは先にふれた桜井哲夫さんである。これも関係の輪が広がったネットワークの実例かもしれない。

今村さんの信頼するお仲間に、三島憲一、鷲田清一、野家啓一さんがいらっしゃる。よく考えれば、「現代思想の冒険者たち」は今村さんのネットワークを拝借させてもらったことになる。今村さんはフランス思想、三島さんはドイツ文学・思想、鷲田さんはフランス哲学、野家さんは分析哲学と、それぞれ専門を異にしたバランスも絶妙である。

すでに述べたが、刊行前二年間ほど、執筆者選定のための勉強をかねて、編集会議を三カ月に一度ぐらいのペースで開いていた。会議が終われば、当然酒になる。酔ってくれば、議論から忌憚のないはなしになる。人名を次々に挙げて、「あいつはアホや」「クソや」。日本人だけでないところがすごい。外国の研究者まで俎上にあがる。速射砲のような今村、三島さんの悪口雑言に、鷲田さんは「そうはいっても」などと若干の反論を試みる。野家さんはニコニコと聞きながら杯は離さない。こういう形容しがたい宴会が深夜まで延々とくりひろげられることになる。

酒といえば網野善彦さんも強かった。過去形にしているのは、大病のあとは警戒もされ、控えていらっしゃったからである。「日本の歴史」も創刊前に、編集委員会をやはり三カ月に一度のペースで開いていた。網野さんの酒量は若い大津透さん、桜井英治さんがあきれるくらいだった。

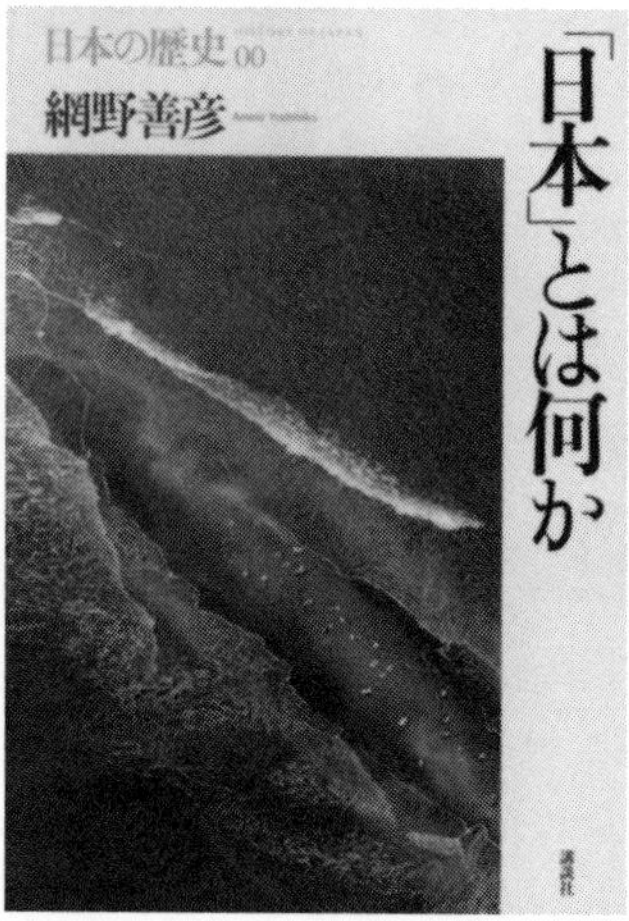

『「日本」とは何か』の脱稿直前に、頑健な網野さんに大病が発見された。シリーズ刊行目前、さてどう切り抜けるか。

『「日本」とは何か』の脱稿直前に、それほど頑健な網野さんに大病が発見された。最後の五、六〇枚が残ってしまった。「日本の歴史」は大企画である。まず網野さんに『「日本」とは何か』を書き上げてもらい、見本版を作り、全国の書店を動かそうという矢先だった。スケジュール的に心配である。

先生と協議し、口述で最後のところをやれないかということになった。入院する前の日ぐらいに、また宮田仁子さんに速記をお願いし、担当者と一緒に先生に聞き書きをさせていただいた。こういうときになると、編集者は非情である。担保を取っておいたのでしょうと、あとで網野さんに冷やかされた。幸い手術は成功、順調に回復され、結局残りの部分も書いていただくことができた。創刊前の宣伝のために、病後にもかかわらず大変協力していただき、ともかく頭があがらないほどお世話になった。戦後の歴史学の足どり、あるいは七年制の東京高校のはなし、左翼運動のはなしと、まだ聞いておかなければならないことはたくさんあったのだが。

「日本の歴史」では山本幸司さん、大津透さんにもお世話になった。原稿もたくさん読んでもらい、問題点もチェックしていただいた。山本さんは私の大学の直接の後輩である。遠慮がない。

ついいろいろなことをお願いしてしまうことになる。すでに述べた、例の「神の手」事件における新聞紙上でのやりとりも、山本さんに対応してもらうことが多かった。こちらに甘えがあるのだが、彼も仕方がないとあきらめてくれていただろう。口では言ったことがないが感謝している。

はじめてお目にかかったころの大津さんは三十代半ば、独身で背が高く、いかにも少壮研究者らしい感じだった。聞くところによれば、日本古代史の大ホープだそうだ。どこか相性がよかったのだろうか、山本さんとともにいろいろなことを相談できる間がらになった。古代史の、ある執筆者を口説くために、奈良へご一緒したこともある。手土産を持参、一晩酒をともにし、一所懸命説得した。奈良ホテルに宿を取ったのだが、情緒を味わういとまもなかった。とどのつまり、振られてしまったのだ。ときおりあの「奈良の夜」はいったい何だったのかと、思い出ばなしになる。

大津さんは酒だけでなく、おいしいものにも眼がない。ずいぶんいろいろなところを食べ歩いた。いまでも、どうして講談社とつきあうようになってしまったのか、と大津さんはまるで悪の道に入ったようにいう。そういうものだと、私は知らん顔で笑っている。

思い出すままに書いてきたが、ほかにもたくさんお世話になった著者がいる。しかし、これ以上になると止めどがなくなる。そろそろやめよう。振り返れば、じぶんがいちばん楽しんだのではないか、といわれそうである。そうかもしれない。このようなつきあいを大目に見てくれ、放任してくれた講談社には、正直感謝している。

あとがき

くりかえし編集者は黒子だといいながら、こんな本を書いてしまった。はたしてよかったのか。出すぎた真似ではなかったか。正直いって、いまだにいささか微妙な気持ちである。すでに文中で述べたことだが、文芸関係にはたくさんの編集者の回顧があり、貴重な文学史的証言になっている。ところが、いわゆる人文・学芸・ノンフィクション分野には、編集者のそのような記録が少ない。またあったとしても、どちらかといえば大所高所に立った思い出になる。目次の作り方、オビの良し悪し、小見出しから、卑近なことでいえば、どうすれば担当した本を話題にすることができるか、といった実務を教えてくれるものはほとんどない。

現場に即した編集の教科書が欲しい。現役のときからずっと思っていたことである。企画を発想する。原稿の書ける人を発掘する。それらは簡単なようでじつはむずかしい。あるいは、どのようにしたら読者に迎えられる本になるのか。そこにコツはあるのか。そのような、いわば実用に徹した手引きがほしかった。

編集者のほとんどは体験主義者である。論理的に教えることをしない。編集という仕事は、ことばで教えることなどできっこない、と確信しているところがあるからだ。ギャンブルの要素が濃く、結果だけが問題になる。つまり弱肉強食の世界である。センスのないものは編集に向かない。そういうレッテルを貼って終わりである。たしかにそれはひとつの考え方であるだろう。しかし、すべてが才能のある大編集者ではない。またそれほど大編集者が世の中にたくさんいるわけもない。ふつうの人間が編集者としての技術を上達させる方法、ノウハウもあるのではないだろうか。

せっかく編集を職業とするのである。世に評価される本や、少しでも人の口にのぼる、あるいは売れる本をつくりたい。だれもが思うことであるし、私もいつも思っていた。そのためにはどうしたらよいのか。何をしたらよいのか。編集者の友人と会うたびにそういうはなしになる。

「ではいうが、あなたは何をしてきたのか。そんなに気になるなら、自分がやってきたこと、自分が考えてきたことを思い切って公開してみたらどうか」と、トランスビューの中嶋廣さんからあるとき挑発されてしまった。

これは悪魔の誘いでもあった。そもそも編集者は、著者という推進力に頼りきっている存在である。単独で行動したことがない。自分の力ではたして何がいえるだろうか。また一冊になるほど言うべきことがあるだろうか。

いつも著者の原稿をあれこれだこうだと批判しているわりに、こんな文章しか書けないのか、というささやきも容易に想像できる。進退窮まるとはこのようなことをいうのだろう。悪いことに、出版社という場所から退き、少し時間に余裕ができてしまった。また、植田康夫教授（出版学）のお勧めで、「編集論」という講義を上智大学で十五回ほど担当する機会を得た。つい、悪魔の誘いにうなずいてしまったのである。

催促はそれなりに上手だと自負していたが、催促されることにこれほど弱いとは自覚していなかった。苛斂誅求ではないが、中嶋さんはけっこうしぶとい。そして困ったことに、中嶋さんは乗せ上手でもあった。

編集者には褒めるタイプと叱咤しながら書かせるタイプがいる。三浦雅士さんが前者であることは、すでにのべた。中嶋さんも三浦型である。私はこの手にどうも弱い。他のことでは、酒を飲みながらいくらでも時間を過ごすことができる。とりわけ本や著者の評価などではたのしく、激しい意見交換になる。しかし本書の執筆に苦労している間、中嶋さんにはあまりお目にかかりたくなかった。

編集の現場についての原稿を読まれるのは、どこか身体の内側を覗かれるようなところがあるからであろう。どうも恥ずかしくてたまらないのだ。皮肉なことに、中嶋さんから逃れるために原稿に励む結果となった。

いま出版界はかなり深刻な状況にある。システムの制度疲労もあるが、編集力の低下も否定できない。日々苦悩している現役編集者や編集者を志す人に、本書が少しでも参考になればありがたい。編集が頑張らずしてこの危機の突破はありえないと信じている。多くの方の意見を聞かせていただきたいものである。

いうまでもなく、編集という仕事は個別的である。ある本に通用したことが、別な企画には役に立たない。それどころか、マイナスの効果をもたらすことさえある。編集に一般論が成立しないのはそのせいである。その点も斟酌《しんしゃく》しながら読んでいただけると幸いである。ただ、こんなふうにして書籍を作ってきたという私の体験だけは、正直に書いたつもりである。

本文で述べたように、編集者にはネットワークが大事である。私にも、各社の人文系の編集者、新聞社の学芸・文化部記者たちと、二カ月に一度ほどのペースで集まる機会がある。中嶋さんもそのメンバーである。酒を飲み、バカばなしばかりをしているので、いつしか「ムダの会」という名がついてしまった。しかし情報交換の場であり、忌憚のない意見を交わすことのできるありがたい仲間でもある。本書を書くうえで、そういう友人たちの意見をたくさん参考にさせてもらった。

また、私の所属していた講談社の友人にも世話になった。名前は控えるが深く感謝している。装丁の高麗隆彦さんとも長いつきあいである。どうもありがとう。

最後にもう一度、中嶋廣さんと、中嶋さんの同志であり、いま業界でいちばん革新的販売を実践しているトランスビューの工藤秀之さんにお礼を申し上げる。ありがとうございました。

赤字が出るのではないか、じつはそればかりを心配しています。

二〇〇三年一二月二〇日

鷲尾賢也

著者略年譜

＊編集者・鷲尾賢也と歌人・小高賢の仕事を併記し、同じ年では編集者としての事績を先に記した。また編集した本は本書で取り上げたものに限った。なお小高賢としての仕事には＊を付した。

一九四四年（昭和一九）
東京・墨田区の下町に生まれる。

一九六〇年（昭和三五）　一六歳
東京都立両国高等学校入学。

一九六四年（昭和三九）　二〇歳
慶應義塾大学経済学部入学。経済思想史、社会思想史を専攻する。

一九六七年（昭和四二）　二三歳
八王子セミナーハウスで丸山真男ゼミが開かれ、参加する。

一九六八年（昭和四三）　二四歳
キヤノン入社。

一九六九年（昭和四四）　二五歳
キヤノンを退社し、講談社に途中入社。「週刊現代」に配属される。

一九七二年（昭和四七）　二八歳
学芸局に異動。講談社現代新書、ＰＲ誌「本」、「季刊人類学」や単行本の編集に携わる。歌人・馬場あき子の著書を編集し、親交を深める。

一九七四年（昭和四九）　三〇歳
小高三枝子と結婚。

一九七八年（昭和五三）　三四歳
馬場あき子が短歌結社「歌林の会」を結成。結社誌「かりん」の創刊メンバーとなる。以後「小高賢」の名で作歌に励む。

一九八一年（昭和五六）　三七歳
学芸図書第一出版部（現・現代新書出版部）部長に就任する。

一九八二年（昭和五七）　三八歳
小泉武夫『酒の話』編集。

一九八四年（昭和五九）　四〇歳
安岡章太郎『僕の昭和史Ⅰ・Ⅱ』編集。

＊第一歌集『耳の伝説』（雁書館）刊行。

一九八五年（昭和六〇）　四一歳

桜井哲夫『ことばを失った若者たち』編集。

一九八六年（昭和六一）　四二歳

井上太郎『わが友モーツァルト』編集。

一九八七年（昭和六二）　四三歳

千代崎秀雄『聖書の名句・名言』編集。

一九八八年（昭和六三）　四四歳

安岡章太郎『僕の昭和史Ⅲ』編集。

現代新書刊行点数を毎月三点から四点に増やす。

一九八九年（平成元）　四五歳

高島俊男『中国の大盗賊』編集。

＊第一評論集『批評への意志』（雁書館）刊行。

一九九〇年（平成二）　四六歳

池上俊一『動物裁判』編集。

現代新書が通巻一〇〇〇点を達成する。

＊第二歌集『家長』（雁書館）刊行。

一九九一年（平成三）　四七歳

鈴木晶『グリム童話』編集。

＊編著書『鑑賞現代短歌6・近藤芳美』（本阿弥書店）刊行。

一九九二年（平成四）　四八歳

大型企画や学術書を担当する学術局に局長として異動。選書出版部が発足し部長を兼任する。

一九九三年（平成五）　四九歳

＊第三歌集『太郎坂』（雁書館）刊行。

一九九四年（平成六）　五〇歳

「選書メチエ」を創刊。

一九九五年（平成七）　五一歳

「健康ライブラリー」創刊。

＊現代短歌文庫『小高賢歌集』（砂子屋書房）刊。

一九九六年（平成八）　五二歳

杉本秀太郎『平家物語』（安野光雅・画）刊行。

「現代思想の冒険者たち」（全三一巻）刊行開始。

一九九七年（平成九）　五三歳

＊第四歌集『怪鳥の尾』（砂子屋書房）刊行。

一九九八年（平成一〇）　五四歳

＊『宮柊二とその時代』（五柳書院）刊行。

一九九九年（平成一一）　五五歳
＊編著書『現代短歌の観賞101』（新書館）刊。
二〇〇〇年（平成一二）　五六歳
「日本の歴史」（全二六巻）刊行開始。
＊第五歌集『本所両国』（雁書館）刊行。本書で第五回若山牧水賞を受賞。また、編集委員を務めた『現代短歌大事典』（三省堂）刊行。
二〇〇一年（平成一三）　五七歳
講談社取締役となる（学術局長を兼務）。学芸局と学術局が統合し、学芸局長を兼務。
二〇〇二年（平成一四）　五八歳
取締役専任となる。
＊編著書『近代短歌の鑑賞77』（新書館）刊行。
二〇〇三年（平成一五）　五九歳
三月、講談社取締役を最後に退社し、顧問となる。神田神保町に仕事場を設ける。
上智大学で一五回にわたり出版編集論を講義。
＊第二評論集『転形期と批評―現代短歌の挑戦―』（柊書房）刊行。
二〇〇四年（平成一六）　六〇歳
前年の上智大学での講義を元に『編集とはどのような仕事なのか』（トランスビュー）を刊行。
また『編集とは何か』（粕谷一希・松居直・寺田博と共著、藤原書店）刊行。
人文書編集者・新聞文化部記者・著者たちに呼びかけ書評誌『いける本・いけない本』創刊。
＊第六歌集『液状化』（ながらみ書房）刊行。
二〇〇六年（平成一八）　六二歳
月刊誌『論座』（朝日新聞）で元・未来社の松本昌次（現・影書房）への聞き書き「わたしの戦後出版史」を連載（聞き手を小学館取締役の上野明雄とともに務める）。
神保町の書店・古書店や飲食店、出版社、大学などに呼びかけ「神保町を元気にする会」を結成、小冊子「神保町が好きだ！」を創刊する。
小泉武夫（東京農業大学）を中心に俳句の会「醸句会」を始め、宗匠を務める。
＊『現代短歌作法』（新書館）刊行。

二〇〇七年（平成一九）　**六三歳**
＊第一歌集から第六歌集までを収める『小高賢作品集』（柊書房）刊行。第七歌集『眼中のひと』（角川書店）刊行。

二〇〇八年（平成二〇）　**六四歳**
松本昌次への聞き書きを『わたしの戦後出版史』（トランスビュー）として刊行（のち朝日新聞読書面で「ゼロ年代の五〇冊」に選ばれる）。三省堂書店ホームページで著者・編集者を組織し書評ブログ「神保町の匠」を始める（二〇一四年、朝日新聞WEBRONZAに移行）。

二〇〇九年（平成二一）　**六五歳**
＊『この一身は努めたり—上田三四二の生と文学—』（トランスビュー）刊行。編著書『現代の歌人140』（新書館）を刊行。歌人・岡井隆への聞き書き『私の戦後短歌史』（角川書店）を刊行。

二〇一〇年（平成二二）　**六六歳**
＊第八歌集『長夜集』（柊書房）刊行。

二〇一一年（平成二三）　**六七歳**
＊『老いの歌』（岩波新書）刊行。

二〇一二年（平成二四）　**六八歳**
＊「釀句会」の現場を活写した『句会で遊ぼう』（幻冬舎新書）刊行。中野重治『斎藤茂吉ノート』（講談社文芸文庫）、安丸良夫『現代日本思想論』（岩波現代文庫）の解説を書く。
毎週金曜夜の首相官邸前の反原発デモに、時間のある限り参加する。

二〇一三年（平成二五）　**六九歳**
安岡章太郎『犬をえらばば』（講談社文芸文庫）の解説を書く。安岡章太郎『歴史の温もり』（講談社）を編集、解題も書く。
＊第一歌集文庫で『耳の伝説』（現代短歌社）刊行。

二〇一四年（平成二六）
二月一〇日、脳出血により急逝。享年、六九歳。
＊死後に『シリーズ牧水賞の歌人たち vol.5 小高賢』（青磁社）が刊行される。

鷲尾賢也（わしお　けんや）

1944年、東京の下町に生まれる。慶應義塾大学経済学部卒業。1969年、講談社入社。「週刊現代」編集部をスタートに、「講談社現代新書」編集長、ＰＲ誌「本」編集長などを歴任。書き下ろしシリーズ「選書メチエ」を創刊し、「現代思想の冒険者たち」（全31巻）「日本の歴史」（全26巻）などの記念碑的な企画を世に送る。また編集者の顔とは別に、小高賢の名で歌人としても活躍、歌集『本所両国』で第５回若山牧水賞受賞。歌集『耳の伝説』『家長』『長夜集』ほか、批評『転形期と批評』『この一身は努めたり―上田三四二の生と文字―』などがある。2014年２月、脳出血により死去。

【新版】編集とはどのような仕事なのか
—企画発想から人間交際まで—

二〇一四年一〇月五日　初版第一刷発行

著　者　鷲尾賢也

発行者　中嶋　廣

発行所　株式会社トランスビュー
東京都中央区日本橋浜町二-一〇-一
郵便番号一〇三-〇〇〇七
電話〇三（三六六四）七三三四
URL http://www.transview.co.jp
振替〇〇一五〇-三-四一一二七

印刷・製本　中央精版印刷

ISBN978-4-7987-0152-3　C1000